शेयर मार्केट से कैसे बनाए मैंने 10 करोड़

शेयर मार्केट से कैसे बनाए मैंने 10 करोड़

निकोलस डरवास

अनुवाद : राखी गोपाल अग्रवाल

BENTEN

बेन्तेन बुक्स

Published in India by

Benten Books

MIG A-121, 1st floor, P and T Rd,
Near Sharda Vidya Mandir Foundation School, Kotra Sultanabad,
Bhopal, Madhya Pradesh 462003
Phone- 0755-4245626
E-mail : bentenbooks@gmail.com
Website : www.bentenbooks.com

First edition : 2013
This Edition : 2021

ISBN : 978-93-82419-18-1

Cover design by : Pooja Gurwani

Printed & bound in India by : Manipal Technologies Limited
& Published by Mr. Sannidhya Narayan for Benten Books.

Price : Rs. 175/-

विषय-सूची

यह पुस्तक कैसे अस्तित्व में आई

यह तब हुआ जब 25 मई, 1959 को 'टाइम' मैगज़ीन ने अपने बिज़नेस सेक्शन में एक डांसर निकोलस डरवास की स्टॉक मार्केट में सफलता की असाधारण कहानी के बारे में पूरा पेज छाप दिया।

'टाइम' ने बताया कि किस प्रकार एक पूरी तरह गैर पेशेवर व्यक्ति ने, जो टिप्स, वित्तीय कहानियों और ब्रोकर्स (दलालों) के पत्रों की अवहेलना करता है, अपने खुद के ईज़ाद किए निवेश के तरीकों से खुद को कई-कई बार करोड़पति बनाने में सफलता हासिल की।

इस लेख ने वॉल स्ट्रीट के उन विशेषज्ञों की त्यौरियाँ चढ़ा दीं जो लंबे समय से सर्वमान्य रहे लेकिन निवेश के तरीकों के प्रति मि. डरवास की अवहेलना से आश्चर्यचकित थे। साथ ही इसने देश भर में फैले हजारों निवेशकों की कल्पना और रुचि को भी हिला दिया।

सबसे ज़्यादा इस्तेमाल की जाने वाली और सबसे प्रतिष्ठित इन्वेस्टमेंट तथा बिज़नेस गाईड्स छापने वाले हम अमेरिकन रिसर्च काउंसिल के लोग भी मि. डरवास के टाइम्स में छपे सफल निवेश सिद्धांतों से बहुत प्रभावित हुए। नतीज़तन हमने मि. डरवास की तकनीकों के बारे में पुस्तक लिखवाने के लिए उनसे संपर्क करने का फैसला किया। उन्हें ढूँढ़ना आसान नहीं था। हमारे चीफ एडीटर ने उनसे पेरिस में मुलाकात की, वे जहाँ अपनी पार्टनर जूलिया के साथ फ्रेंच टेलीविज़न पर एक कार्यक्रम प्रस्तुत कर रहे थे, वहीं हम इस अद्भुत पुस्तक को संभव बनाने वाली उल्लेखनीय घटनाओं से रूबरू हुए।

सर्वप्रथम मि. डरवास एक शोमैन हैं। शो-बिज़नेस के इतिहास में उनकी नृत्यकला, एक स्फूर्ति देने वाली अंतर्राष्ट्रीय कला है। उन्होंने और उनकी बहन जूलिया ने लगभग 34 देशों में प्रदर्शन किया है। वे लगातार जनता के आकर्षण के केन्द्र में रहने के आदी हैं। इसलिए उन्हें अपनी किस्मत को बनाने वाली स्टॉक ट्रांजेक्शन की जानकारी को सार्वजनिक बनाने में ज़रा भी हिचकिचाहट नहीं हुई जैसा कि कुछ लोगों के लिए गोपनीय होती है। बल्कि इतिहास में इससे पहले ऐसा कभी नहीं हुआ होगा, जब किसी ने अपने आर्थिक लेन-देन को सार्वजनिक बनाया हो।

दूसरे यह इसलिए भी संभव हुआ क्योंकि मि. डरवास एक अद्‌भुत डांसर से ज़्यादा कुछ और हैं। वे बुडापेस्ट विश्वविद्यालय से उच्च शिक्षा प्राप्त व्यक्ति हैं जिसकी अर्थशास्त्र और समाजशास्त्र में अच्छी पकड़ है। उन्होंने पहले खेलों पर लेखन किया है, पत्रकार और अपने ही देश में क्रासवर्ड पज़ल के संपादक रहे हैं, इसलिए वे इस पुस्तक को लिखने के लिए पूरी तरह से योग्य हैं।

परिणामतः वॉल स्ट्रीट के इतिहास में एक अत्यधिक असाधारण सफलता की कहानी को प्रस्तुत करने में काउंसिल को बहुत गर्व महसूस हो रहा है। यह न केवल इसलिए विशेष है, क्योंकि यह रिकॉर्ड एक पूर्णतः गैर पेशेवर और बाहरी व्यक्ति द्वारा बनाया गया, जो उस यादगार अतिरिक्त आय के लिए निवेश कर रहा था। बल्कि यह इसलिए भी महत्वपूर्ण है, क्योंकि उन्होंने जो लाभ कमाया वह केवल भाग्यवश या संयोगवश नहीं हुआ था।

इसके विपरीत निवेश के ये तरीके जिन्होंने मि. डरवास को करोड़पति बनाया, सालों की गल्तियों और उनसे मिली सीख का नतीज़ा थे। ये विशिष्ट और व्यावहारिक तरीके हर निवेशक के लिए उपयोगी सिद्ध होंगे।

हमें लगता है कि मि. डरवास की तकनीकें, खासकर उनकी विशिष्ट टैक्नो-फंडामेन्टल थ्योरी और उनकी बहुत-सी शक्तिशाली स्टॉक-मार्केट नीतियाँ जैसे – "मैं सिर्फ ट्रेंड के साथ दौड़ता हूँ और मेरे पीछे दौड़ता है मेरा स्टॉप-लॉस, मेरा बीमा बनकर।" या फिर "अच्छे या बुरे स्टॉक नहीं

होते केवल या तो चढ़ते हुए या गिरते हुए स्टॉक होते हैं। मैं केवल जाँचकर्ता बन सकता हूँ। लेकिन कभी भविष्यवक्ता नहीं बन सकता।" वाक्य वॉल स्ट्रीट के इतिहास के पन्नों पर लिखे रहेंगे।

मि. डरवास की नीतियों को और अधिक स्पष्ट करने के लिए काउंसिल ने इस पुस्तक में ऐसे कुछ चाट्र्स दिखाए हैं, जिनकी मदद से उन्होंने 18 महीने के समय (जब उन्होंने पहली बार अपनी सटीक नीतियों से सफलता हासिल की) में स्टॉक मार्केट में 20 लाख डॉलर कमाए।

मि. डरवास अभी भी डांसर हैं, क्योंकि यही उनका पेशा है और वह अभी भी एक निवेशक हैं, क्योंकि उनको इसमें मज़ा आता है और वे इसमें अभी भी धन कमाते हैं। उनके बारे में सभी कुछ गैर पारंपरिक है।

आर्थिक नीतियों के लिए उनके पास कोई ऑफिस नहीं है, कोई एक डेस्क तक नहीं है। वे पेरिस के जार्जस-5 में अपने होटल के कमरे या बार में काम करते हैं। जब भी वे न्यूयॉर्क में होते हैं, जो कि उनका पसंदीदा शहर है, वे हर शाम प्लाजा होटल के बार में एक अखबार के पृष्ठ, एक टेलीग्राम और आधे काग़ज के टुकड़े पर कुछ अंक लेकर बैठते हैं। देखने में वे भी आसपास के लोगों की तरह आराम करते हुए दिखते हैं पर वास्तव में वे पिछले कुछ सालों में ईज़ाद किए अपने बौद्धिक तरीकों, जिन्होंने उन्हें करोड़ों कमाकर दिए, से स्टॉक कीमतों का अध्ययन और मार्केट का विश्लेषण कर रहे होते हैं।

निकोलस डरवास की कहानी वर्तमान अमेरिका में एक हैरान करने वाली कथा है। हमें ऐसी पुस्तक को प्रकाशित करने में गर्व का अनुभव हो रहा है, जो कि आने वाले सालों में स्टॉक-मार्केट की सर्वोत्तम कृति होगी।

CABLE AND WIRELESS LIMITED

with which is associated
THE EASTERN EXTENSION AUSTRALASIA & CHINA TELEGRAPH CO. LTD.
(Incorporated in England)

The first line of this Telegram contains the following particulars in the order named: Prefix Letters and Number of Message, Office of Origin, Number of Words, Date, Time handed in and Official Instructions if any.

ISSUING OFFICE

HONG KONG

GCW126/NMA129 NEWYORKNY 48 2 1600 CNT 6 PARENS =
DARVAS GLOUCESTER HOTEL HONGKONG =

BOUGHT 1300 T 49-7/8 T 51 X51-3/4 -
49-7/8X L 54-7/8 X55-7/8 - 54-1/8X E
50-3/4 X51-1/4 - 50-1/2X U 41-7/8 X42-3/8
- 41-3/8X G 19-5/8 X20 - 19-5/8X F
34-1/8 X36-3/8 - 34-1/8X DOLLARS 11*77 =

Enquiry respecting this telegram should be accompanied by this form and may be made at any of the Company Offices.

3 सितम्बर, 1958 की सुबह, हांगकांग की क्राउन कॉलोनी के ग्लूसेस्टर होटल में यह तार पहुँचा :

"1300 थियोकोल खरीदे $49^{7/8}$"

यह खरीदारी उस खरीद की कड़ी का एक हिस्सा थी, जिससे अठारह महीने में बीस लाख डॉलर मिलने वाले थे।

और यह पुस्तक उस तक पहुँचने वाली घटनाओं की कहानी है...

एक जुआरी

अध्याय : एक

कैनेडियन काल

नवम्बर, 1952 का समय था। मैं न्यूयॉर्क में मेनहैट्टन के 'लेटिन क्वार्टर' में खेल रहा था, जब मेरे एजेंट ने फोन किया। उसको टोरंटो नाइट क्लब में मेरे और मेरी नृत्यकला पार्टनर जूलिया के कार्यक्रम के लिए ऑफर मिला था। एल और हैरी स्मिथ, ये जुड़वाँ भाई इसके मालिक थे। उन्होंने मेरे सामने एक विचित्र प्रस्ताव रखा। उन्होंने मुझे मुद्रा की जगह स्टॉक में भुगतान करने का प्रस्ताव रखा। शो बिज़नेस में मुझे वैसे तो कई अज़ीब अनुभव मिलते रहते थे, लेकिन यह बिल्कुल नया था।

मैंने आगे और पूछताछ की और तब मुझे पता लगा कि वे लोग मुझे किसी ब्राइलंड कम्पनी के 6,000 शेयर देने को तैयार हैं। यह एक कैनेडियन माइनिंग फर्म थी, जिसमें उनकी रुचि थी। उस समय उसके एक शेयर की कीमत 50 सेंट थी। केवल यही मुझे पता था कि स्टॉक गिरते-चढ़ते रहते हैं, इसलिए मैंने स्मिथ भाइयों से इस बात की गारंटी देने को कहा कि यदि स्टॉक 50 सेंट से नीचे गिर गए तो उन्हें नुकसान को बराबर करना होगा। वे छह महीने के समय में ऐसा करने के लिए तैयार हो गए।

हुआ ऐसा कि मैं टोरंटो वाला कार्यक्रम नहीं कर पाया। मुझे स्मिथ भाइयों को निराश करने के लिए बहुत बुरा लगा। मैंने भरपाई करने के लिए उनसे स्टॉक खरीदने की पेशकश की। मैंने उन्हें 3,000 डॉलर का चैक भेज दिया और ब्राइलंड स्टॉक के 6,000 शेयर ले लिए।

मैंने उसके बारे में कुछ नहीं सोचा। दो महीने बाद एक दिन खाली

बैठे हुए मेरी नज़र अखबार में स्टॉक कीमतों की ओर गई। मैं अपनी कुर्सी पर उछल पड़ा। मेरे ब्राइलंड स्टॉक के 50 सेंट की कीमत 1.90 डॉलर हो गई थी। मैंने उसे तुरंत बेच दिया और मुझे लगभग 8,000 डॉलर का मुनाफा हुआ।

पहले-पहल तो मुझे विश्वास नहीं हुआ। यह मेरे लिए चमत्कार जैसा था। यह मेरे लिए वैसा था जैसे कोई आदमी पहली बार रेस में जाता है और अपने भाग्य से सभी विजेताओं को पीछे कर देता है और अपनी जीत को भुनाने के बाद सामान्य रूप से पूछता है- "यह सब कब से चल रहा है?"

मुझे लगा कि मैं अपनी ज़िंदगी में एक अच्छी चीज़ को गँवाता रहा हूँ। मैंने स्टॉक मार्केट में प्रवेश के लिए अपने दिमाग को पूरी तरह तैयार कर लिया। मैं अपने निर्णय से कभी पीछे नहीं हटा, लेकिन अनजाने जंगल में आने वाली परेशानियों के बारे में मुझे पता नहीं था।

मुझे स्टॉक मार्केट के बारे में बहुत कम पता था। उदाहरण के लिए, मुझे तो यह भी नहीं मालूम था कि यह न्यूयॉर्क में भी है। मैंने केवल कैनेडियन स्टॉक्स के बारे में सुना था, विशेष रूप से माइनिंग शेयर्स के बारे में। चूँकि ये मेरे लिए फायदेमंद रहे थे, इसलिए इनके साथ चिपके रहने में ही भलाई थी।

लेकिन शुरुआत कैसे की जाए? कौन-से स्टॉक्स खरीदने हैं इसके बारे में कैसे पता लगाया जाए? आप उन्हें एक पिन से उठा नहीं सकते। आपके पास सूचना होनी चाहिए। यही मेरी मुख्य समस्या थी। उन्हें कैसे लिया जाए? अब मुझे लगने लगा कि यह आम आदमी के लिए असंभव है, लेकिन फिर मैंने सोचा कि इस महान रहस्य को समझने के लिए मुझे बस कई लोगों से बात करने की ज़रूरत है। मैंने सोचा कि अगर मैं अक्सर लोगों से पूछता रहूँगा तो इस विषय के जानकार लोगों से परिचित हो जाऊँगा। मैं जिनसे भी मिला, सभी से यह पूछता रहा कि क्या स्टॉक मार्केट के बारे में उन्हें कोई जानकारी है? नाइट क्लब में काम करते हुए मैं धनी लोगों से मिला। मुझे लगा कि शायद उन्हें इस बारे में मालूम होगा,

इसलिए उनसे भी पूछा। यह प्रश्न हमेशा मेरी जुबान पर रहता था : "क्या आप किसी अच्छे स्टॉक के बारे में जानते हैं?" अचंभे की बात थी कि सभी को किसी न किसी स्टॉक की जानकारी थी। अमेरिका में मैं ही ऐसा व्यक्ति था जिसके पास स्टॉक मार्केट की कोई जानकारी नहीं थी। मैं उत्सुक होकर उनकी बातें सुनता था और पूरी लगन से उनकी सूचना का अनुसरण करता था। मुझे जो खरीदने को कहा गया, मैंने खरीदा। स्टॉक खरीदने के इस तरीके की असफलता को समझने में मुझे बहुत समय लगा।

मैं उस आशावादी आधारविहीन छोटे निवेशक का एक अच्छा उदाहरण बन गया था, जो मार्केट में अंदर-बाहर गोते लगाता रहता है। मैंने उन कंपनियों के स्टॉक खरीदे जिनके नाम भी मैं ठीक से नहीं ले पाता था। ये कंपनियाँ क्या करती हैं और कहाँ से आईं हैं, मुझे कुछ नहीं मालूम था। मुझे किसी ने किसी से कुछ सुना हुआ बता दिया और मैं मान गया। मेरे जैसा अनभिज्ञ खरीददार शायद ही कोई रहा होगा। मुझे बस इतना पता था कि मेरे प्रदर्शन वाले आखिरी नाइट क्लब के आखिरी हैड-वेटर ने जो मुझे बताया, वह अच्छा था।

सन् 1953 की शुरुआत में मैं टोरंटो में प्रदर्शन कर रहा था। चूँकि मुझे ब्राइलंड कंपनी से पहली बार में ही 8,000 डॉलर की असाधारण रकम मिली थी, इसलिए मेरी नज़र में कनाडा आार्थिक समृद्धि की भूमि थी। इसी वजह से मुझे लगा कि किसी उम्दा जानकारी के लिए यह सही जगह होगी। मैं बहुत से लोगों से एक अच्छे तथा विश्वसनीय ब्रोकर के बारे में पूछता रहा और फिर किसी ने मुझे एक व्यक्ति के बारे में बताया।

मुझे यह मानना पड़ेगा कि उसके ऑफिस को देखने के बाद मैं काफी हैरान और निराश हुआ। वह एक छोटा, गंदा-सा, किताबों से भरा, जेल जैसा कमरा था, जिसकी दीवारों पर अजीब से निशान बने हुए थे। बाद में मुझे समझ में आया कि इन्हें 'चार्ट्स' कहते हैं। वहाँ मेज़ पर एक छोटा, व्यस्त आदमी बैठा हुआ था, जो सांख्यिकी (आँकड़ों) और पुस्तकों में खोया हुआ था। जब मैंने उससे पूछा कि क्या उसको किसी अच्छे

स्टॉक के बारे में पता है तो वह एकदम सक्रिय हो गया।

वह मुस्कराया और उसने अपनी जेब से एक डिवीडेंड चैक निकाला, जिस पर एक प्रसिद्ध गोल्ड कंपनी कर-एडिसन का नाम लिखा था।

वह खड़ा हो गया और कहने लगा- "मेरे दोस्त, इसकी तरफ ज़रा ध्यान से देखो। मेरे पिता ने इसका ओरिजनल स्टॉक जितने में खरीदा था, उसका यह पाँच गुना है। इस तरह के स्टॉक को सभी ढूँढ़ते रहते हैं।"

ओरिजनल स्टॉक की कीमत से पाँच गुना का डिवीडेंड। यह मेरी तरह ही किसी भी व्यक्ति को उत्साहित करने के लिए काफी था। डिवीडेंड की रकम 80 सेंट थी। इसका मतलब उसके पिता ने इसे 16 सेंट में खरीदा था। यह मुझे बहुत ही अच्छा लगा। मुझे यह बात समझ नहीं आई कि यह व्यक्ति अपने पिता के स्टॉक को 35 सालों से कैसे संभाले हुए था।

उस छोटे-से व्यक्ति ने मुझे बताया कि किस तरह वह उसी तरह के एक और स्टॉक की सालों से खोज़ कर रहा था। अपने पिता की सफलता को देखते हुए उसको यक़ीन था कि उसकी खोज़ का उत्तर गोल्ड माईन्स में ही है। उसने मुझे विश्वास दिला दिया कि आखिरकार उसे वह स्टॉक मिल ही गया था, जिसे वह ढूँढ़ रहा था। वह ईस्टर्न मैलार्टिक नामक कंपनी थी। उत्पादन आँकड़ों, अनुमानों और वित्तीय सूचनाओं के आधार पर उसने हिसाब लगाया कि ये सोने की खदानें अपने वर्तमान से दोगुनी उत्पादन क्षमता रखती हैं, इसलिए अगर इनके स्टॉक में पाँच डॉलर लगाए जाएँ तो ये जल्द ही दस डॉलर के बराबर हो जाएँगे।

इस बहुश्रुत सूचना के आधार पर मैंने ईस्टर्न मैलार्टिक के 1,000 शेयर (290 सेंट) तुरंत ही खरीद लिए। मैं उत्सुकता से उस पर नज़र रखे था और वह 270 फिर 260 सेंट पर आ गया। एक सप्ताह के अंदर वह 241 सेंट तक गिर गया और मैंने जल्दबाज़ी में वह स्टॉक बेच दिया। मुझे यह लगने लगा कि इस मेहनती, सांख्यिकी दिमाग के ब्रोकर के पास भाग्य-निर्माण का उत्तर नहीं है।

तब भी सारी बातें मुझे आकर्षित करती रहीं। मैं जानकारियों का अनुसरण करता रहा, लेकिन इसमें कभी-कभार ही धन कमा पाया। यदि कमाया भी, तो वह दूसरे नुकसान से बराबर भी हो गया।

मैं इतना नौसिखिया था कि ब्रोकर के कमीशन और टैक्स ट्रांसफर के बारे में भी कुछ नहीं समझता था। जैसे, मैंने जनवरी, 1953 में कैरेन्ड माइंस के 10 सेंट प्रति स्टॉक के हिसाब से 10,000 शेयर खरीदे।

मैं बिल्ली की तरह मार्केट पर नज़र रखे था और जब अगले दिन कैरेन्ड 11 सेंट प्रति शेयर हो गया, मैंने अपने ब्रोकर को फोन करके उसे बेचने के लिए कहा। मेरे अनुमान से मैंने 24 घण्टे में 100 डॉलर कमा लिए थे और मैं इतनी जल्दी थोड़ा-सा लाभ कमाकर अपने को बहुत होशियार समझ रहा था।

जब मैंने अपने ब्रोकर से दोबारा बात की तो उसने मुझसे पूछा- "तुमने नुकसान उठाने का फैसला क्यों किया?" "नुकसान!" मैंने तो सौ डॉलर कमाए थे! उसने मुझे आराम से समझाया कि 10,000 शेयर्स को खरीदने के लिए 50 डॉलर और अगले दिन बेचने के लिए ब्रोकर का कमीशन 50 डॉलर बनता है। इसके साथ ही बेचने पर ट्रांसफर टैक्स भी लगते हैं।

उस समय जो अंजान-से स्टॉक मेरे पास थे, उनमें कैरेन्ड भी एक था। इसके अलावा मोगल माइन्स, कन्सॉलिडेटेड सडबरी बेसिन माइन्स, क्येबेक स्मेल्टिंग रेक्सेसपर, जेय एक्सप्लोरशन भी मेरे पास थे।

फिर भी इस कैनेडियन खरीद-फरोख्त में मेरा साल अच्छा रहा। मुझे लगने लगा कि मैं एक सफल व्यापारी और स्टॉक मार्केट का बड़ा ऑपरेटर हूँ। एक टिड्डे की तरह मैं मार्केट के कभी अंदर कभी बाहर आता-जाता रहा। मैं दो प्वॉइंट बनाकर भी खुश होता रहा। एक टाइम में मेरे पास थोड़ी-थोड़ी संख्या में 25 से 30 स्टॉक ही होते थे।

उनमें से कुछ के लिए मेरी विशेष रुचि बन गई। यह अलग-अलग कारणों से हुआ। कभी इसलिए क्योंकि उसे मेरे किसी अच्छे दोस्त ने दिया था, तो कभी इसलिए क्योंकि मैंने उससे धन कमाया। इसी वजह

से मेरे लिए कुछ स्टॉक्स दूसरों से ऊपर हो गए और इससे पहले कि मैं समझ पाता कि मैं क्या कर रहा हूँ, मैंने एक तरह से स्टॉक 'पालने' शुरू कर दिए थे।

मैं उन्हें अपनी चल संपत्ति मानने लगा था, जैसे वे मेरे परिवार के सदस्य हों। मैं उनकी श्रेष्ठता की दिन-रात तारीफ करता रहता था। जैसे कोई अपने बच्चों की बातें करता है, मैं अपने स्टॉक के बारे में वैसे ही बातें करता था। मुझे इस बात से कोई फर्क नहीं पड़ता था कि अन्य लोगों को मेरे प्यारे स्टॉक्स में कोई विशेष बात नज़र नहीं आती थी। मेरी ऐसी मानसिक स्थिति तब तक नहीं हटी जब तक कि मुझे पूरी तरह इस बात का एहसास नहीं हो गया कि मेरे प्यारे स्टॉक मेरा काफी नुकसान करा रहे हैं।

कुछ ही महीनों में मेरे स्टॉक्स के लेने-देने का रिकॉर्ड किसी लघु स्टॉक एक्सचेंज के रिकॉर्ड की तरह लगने लगा। तब भी मुझे लगता था कि मैं बिलकुल सही कर रहा हूँ। मैं आगे बढ़ता रहा। अगर मैंने ध्यान से अपने स्टेटमेंट्स पढ़े होते तो मैं अपने को इतना सही नहीं समझता। मुझे एहसास हो जाता कि मैं एक हॉर्स प्लेयर की तरह छोटे-छोटे मुनाफों से उत्साही और खुश हूँ और अपनी क्षति को अनदेखा कर रहा हूँ। मैंने इस बात को पूरी तरह से नज़रअंदाज़ किया कि मैंने ऐसे बहुत से स्टॉक रखे हुए हैं, जो खरीद-मूल्य से काफी नीचे आ चुके हैं और वहीं रुके हुए हैं।

मेरा यह दौर पागलों की तरह मूर्खतापूर्ण सट्टेबाज़ी का समय रहा, जिसमें मैंने अपने लेन-देन के लिए कारण जानने की कभी कोई कोशिश नहीं की। मैंने केवल चलन का अनुसरण किया। मैंने ईश्वर के भेजे नामों, यूरेनियम प्राप्ति की अफवाहों, तेल-स्ट्राईक्स या जिसने भी जो बताया उसी को मान लिया। लगातार नुकसान में थोड़ा-सा लाभ कुत्ते को रोटी सुँघाने जैसी उम्मीद जगा देता था।

फिर एक दिन लगातार सात महीने तक खरीदने-बेचने में लगे रहने के बाद मैंने अपना हिसाब-किताब देखने का फैसला किया। जब मैंने अपने बुरे स्टॉक्स की कीमत जोड़ी तो पाया कि मैं लगभग 3,000

डॉलर गँवा चुका हूँ।

उस दिन से ही मुझे लगने लगा कि मेरी धन बनाने की योजना में कोई कमी है। मेरे दिमाग का भूत मुझे ठकठकाने लगा। मुझे कुछ समझ नहीं आ रहा था कि मैं क्या कर रहा हूँ।

फिर भी मैं आगे देख रहा था। मैंने अपने आपको सांत्वना दी कि मैंने अभी तक ब्राइलंड के लिए मूलतः चुकाए गए 3,000 डॉलर्स को नहीं छुआ है और उस ट्रांजेक्शन से मुझे लगभग 5,000 डॉलर्स का लाभ हुआ था, लेकिन मुझे लगा कि इस तरह से आखिर मैं कब तक चला पाऊँगा?

यहाँ मैं अपने लाभ-हानि के हिसाब का एक पेज दे रहा हूँ। यह पेज मेरी करारी हार की पूरी दास्ताँ बयाँ करता है।

ओल्ड स्मोकी गैस एण्ड ओएल्स्

19 सेंट - खरीदा

10 सेंट - बेचा

कैरेण्ड माईन्स

12 सेंट - खरीदा

8 सेंट - बेचा

रैक्सेसपर

130 सेंट - खरीदा

110 सेंट - बेचा

क्वेबैक स्मैल्टिंग एण्ड रिफाइनिंग

22 सेंट - खरीदा

14 सेंट - बेचा

अपने थोड़े से लाभ से प्रभावित होकर मैंने कभी ध्यान नहीं दिया कि मैं हर सप्ताह लगभग 100 डॉलर गँवा रहा था।

यह स्टॉक मार्केट की मेरी पहली दुविधा थी। अगले छह सालों में मार्केट ने मेरे लिए और भी गंभीर दुविधा बचाकर रखी थी, लेकिन कुछ मायनों में यह दुविधा सबसे ज़्यादा बुरी थी। इस बिन्दु पर मुझे निर्णय

लेना था कि मैं मार्केट में आगे काम करूँ या नहीं।

मैंने टिके रहकर एक और कोशिश करने का निर्णय लिया।

अगली समस्या यह थी कि मैं क्या करूँ? कोई अलग रास्ता तो ज़रूर होगा। क्या मैं अपने तरीके में सुधार ला सकता हूँ? यह साबित हो गया था कि नाईटक्लब में आने वाले लोगों, हैड-वेटर, सहायकों की सलाह मानना बेकार है। वे भी मेरी तरह ही गैर-पेशेवर थे, जिस तरह पूर्ण विश्वास के साथ उन्होंने जो जानकारियाँ मुझे दीं वे मेरी जानकारियों से ज़्यादा अच्छी नहीं थीं।

मैं अपने ब्रोकरेज स्टेटमेंट के पेज पर पेज देखता जा रहा था, जिस पर छपा था : खरीदा 90 सेंट, बेचा 82 सेंट...खरीदा 65 सेंट, बेचा 48 सेंट... स्टॉक मार्केट के रहस्यों को भेदने में कौन मेरी मदद कर सकता था? मैंने कैनेडियन फाइनेंशियल पब्लिकेशन्स और कैनेडियन स्टॉक टेबल्स पढ़ने शुरू कर दिए थे। मैंने टोरंटो स्टॉक्स एक्सचेंज में सूचीबद्ध स्टॉक की जानकारी देने वाली एडवाइज़री न्यूज़ शीट्स पर ज़्यादा ध्यान देना शुरू कर दिया था।

मैंने निर्णय लिया कि अगर मुझे आगे बढ़ना है, तो मुझे किसी पेशेवर की मदद लेनी पड़ेगी और इसलिए मैं वित्तीय सूचनाएँ देने वाली कुछ एडवाइज़री सेवाओं का ग्राहक बन गया था। आखिकार मैंने खुद को समझाया, ये सेवाएँ विशेषज्ञ हैं। मैंने सोच लिया कि अब मैं मेरी तरह ही स्टॉक्स के मामले में अपरिपक्व या अनजाने लोगों की अटपटी जानकारी पर स्टॉक्स खरीदना छोड़ दूँगा और केवल प्रोफेशनल सलाह को ही मानूँगा। मुझे लगा कि अगर मैं उनकी कुशल और उचित शिक्षा को मानता हूँ, तो मैं सफल हो जाऊँगा।

ऐसी कुछ वित्तीय एडवाइज़री सेवाएँ थीं, जो एक डॉलर में सूचना-पत्र की चार कॉपी ट्रॉयल के लिए देती थीं। यह उनकी मूल्यवान सेवाएँ खरीदने से पहले उनका स्वाद चखने जैसा था।

मैंने ट्रायल सब्सक्रिप्शन के लिए बारह डॉलर तक खर्च कर दिए और उनकी भेजी हुई शीट्स को उत्सुकता से पढ़ने लगा।

न्यूयॉर्क में कुछ प्रतिष्ठित वित्तीय सेवाएँ हैं, लेकिन जो कैनेडियन शीट्स मैंने खरीदीं वे केवल सकर-ट्रेड के लिए थीं। लेकिन यह मुझे कैसे समझ आता? इन वित्तीय परामर्श शीट्स ने मुझे उत्साहित कर दिया। इनकी वजह से स्टॉक मार्केट के अनुमान बहुत ज़रूरी और सरल लगने लगे।

कभी-कभी इनमें बड़ी-बड़ी हैडलाइन्स में लिखा होता-

"इस स्टॉक को खरीद लें, कहीं देर न हो जाए!"

"अपने संपूर्ण साधनों से इसे खरीद लें!"

"अगर आपका ब्रोकर आपको इसके विरुद्ध सलाह दे रहा है, तो उस ब्रोकर को छोड़ दें!"

"इस स्टॉक से आपको 100 प्रतिशत या अधिक लाभ मिल सकता है!"

ये मुझे 'वास्तविक' व 'गर्मागर्म' सूचनाएँ मालूम होती थीं। जो किसी रेस्टोरेन्ट में मिलने वालीं अजीबोगरीब जानकारियों की तुलना कई गुना ज़्यादा विश्वसनीय लगती थीं।

मैं इन प्रमोशन शीट्स को उत्साह से पढ़ता था। ये हमेशा 'स्वार्थरहिता' और 'भाईचारे' से भरी होती थीं। इनमें से एक में लिखा था-

"कैनेडियन फाइनेंस के इतिहास में पहली बार छोटे निवेशकों को नए विकास के तल पर खड़े होने का सुनहरा अवसर मिलने वाला है।

" वॉल स्ट्रीट के दिग्गज हमारी कंपनी के सारे स्टॉक्स को हथियाना चाहते हैं, लेकिन सभी बुरी परंपराओं का खुला अनादार करते हुए हम केवल औसत दर्जे के निवेशकों की भागीदारी के ही इच्छुक हैं, जिनमें आप जैसे लोग हैं ....।"

यह मैं था! वे मेरी स्थिति को अच्छी तरह से समझ रहे थे। मैं वही छोटा व्यक्ति था, जो वॉल स्ट्रीट के दिग्गजों की वजह से दया का पात्र बन गया था, लेकिन वास्तव में केवल मेरी बेवकूफियों की वजह से मैं दयनीय बन गया था।

उनके बताए हुए स्टॉक को मैं खरीदता था और वह लगातार गिरता

जाता था। ऐसा क्यों होता था मुझे समझ में नहीं आता था। लेकिन फिर भी मैं बिलकुल परेशान नहीं था। मैं सोचता था कि वित्तीय सलाहकार शीट्स को उस बारे में ज़रूर सब मालूम है, जिस बारे में वे बात कर रहे हैं। अगले स्टॉक को ज़रूर ऊपर चढ़ना चाहिए, लेकिन बिरले ही ऐसा हुआ।

मुझे मालूम नहीं था लेकिन मैं छोटे निवेशकों के बड़े गड्ढे में गिरने की स्थिति में पहुँचता जा रहा था। छोटे निवेशकों की कभी न हल होने वाली समस्या यह थी कि उन्हें मार्केट में सही एंट्री की समझ नहीं थी। उनके किसी शेयर में निवेश करते ही उसका एकदम से गिरने लगना दुनिया की सबसे रहस्यमयी घटना मालूम होती थी। ये समझने में मुझे सालों लग गए कि ये वित्तीय परामर्श सेवाएँ जब भी छोटे निवेशकों को कोई स्टॉक खरीदने के लिए प्रोत्साहित करती हैं तो इसका मतलब होता है कि कुछ पेशेवर, जिन्होंने बहुत पहले ये स्टॉक खरीदे थे, अब कुछ अंदरूनी सूचना पर इन्हें बेचना चाहते हैं।

पेशेवर ट्रेडर्स के धन के निकास के साथ छोटे निवेशकों का धन अंदर आता है। ये छोटे निवेशक लोग 'पहले आओ और ज़्यादा पाओ' वाले नहीं वरन् 'आखिर में आओ और सबसे कम पाओ' वाले होते हैं। इनको किसी भी स्टॉक में दाखिल होने में बहुत देर हो चुकी होती है और फिर बड़े निवेशकों के बाहर हो जाने से स्टॉक के बढ़े हुए दाम को बनाए रख पाना इन छोटे निवेशकों के बस की बात नहीं रह जाती।

ये सब मुझे अब समझ में आता है, लेकिन उस समय मुझे स्टॉक्स का ऐसा उतार-चढ़ाव बिल्कुल समझ नहीं आता था। मैं सोचता था कि मेरे शेयर खरीदते ही इनका गिर जाना केवल मेरा दुर्भाग्य है। अब जब मैं पीछे मुड़कर देखता हूँ तो मुझे लगता है कि उस समय मैं अपना सब कुछ गँवा देने वाला था।

जब भी मैंने 100 डॉलर का निवेश किया, मैंने तुरंत ही 20 या 30 डॉलर गँवा दिए। कुछ स्टॉक ऊपर भी चढ़े और तुलनात्मक रूप से मैं खुश हो जाता था।

जब मुझे न्यूयॉर्क जाना पड़ता था, मैं वहाँ से भी टोरंटो में ब्रोकर

को फोन पर ऑर्डर देता रहता था।

मैं तब ऐसा इसलिए करता था क्योंकि मुझे यह मालूम ही नहीं था कि न्यूयॉर्क के ब्रोकर की मदद से कैनेडियन स्टॉक एक्सचेंज में भी ट्रांजेक्शन किया जा सकता है। टोरंटो का ब्रोकर मुझे टेलीफोन पर टिप्स दे देता था और मैं उसके या कैनेडियन वित्तीय सलाहकर सेवाओं के बताए हुए स्टॉक खरीदता रहता था। सभी लगाने और हारने वाले निवेशकों की तरह मैं भी अपने नुकसान के लिए दुर्भाग्य को कोसता रहता था। मैं जानता था, मुझे पक्का विश्वास था कि एक दिन मेरी किस्मत चमकेगी। मैं हर समय गलत नहीं होता था। कुछ मायनों में अगर मैं गलत रहा होता तो अच्छा ही हुआ होता। कभी-कभार मैंने कुछ डॉलर कमाए भी, लेकिन यह पूरी तरह से संयोग था।

एक उदाहरण देखिए-कैनेडियन स्टॉक्स के टेबल्स को पढ़ना मेरे लिए अनिवार्य- सा रहता था। एक दिन जब मैं उन पर नज़र डाल रहा था, तब मेरी नज़र कैल्डर ब्रोस्क्वेट नाम के स्टॉक पर पड़ी। मुझे आज भी ये नहीं पता कि वह कैसा था और वह कंपनी क्या बनाती थी। बस उसका नाम बहुत अच्छा था। मुझे उसके नाम की ध्वनि बहुत अच्छी लगी और मैंने 18 सेंट के हिसाब से कुल 900 डॉलर के 5,000 शेयर खरीद लिए।

इसके बाद मुझे डांस कार्यक्रम के लिए मैड्रिड जाना पड़ा। एक महीने बाद जब मैं वापस आया, मैंने पेपर खोला और नाम देखा तो वह स्टॉक 36 सेंट्स का हो गया था। मेरी खरीद मूल्य से दोगुनी कीमत का। मैंने उसे बेच दिया और 900 डॉलर कमाए। यह केवल संयोग था।

यह वास्तव में दोहरा संयोग था, क्योंकि वह ऊपर तो चढ़ा ही था, लेकिन मैं अगर स्पेन के डांस प्रोग्राम में नहीं गया होता तो उस स्टॉक के 22 सेंट तक चढ़ते ही मैं उसे बेच देता। मैं इसे जल्दी बेचने से बच गया। स्टॉक के मूवमेंट की जानकारी न होना मेरे लिए वरदान हो गया।

आज अतीत का चिंतन करने पर वह एक अजीब पागलपन वाला दौर लगता है। उस समय मुझे यही लगता था कि मैं एक बड़ा-ऑपरेटर

बनने की शुरुआत में हूँ। मैं अपने पर गर्व महसूस करता था क्योंकि मैं पहले की तरह हैड-वेटर के ड्रेसिंग या रूम में साझा होने वाली जानकारी की जगह कुछ ज़्यादा शिक्षित तरीके की जानकारी पर काम कर रहा था। मेरे कैनेडियन ब्रोकर्स मुझे फोन करते थे, मेरी वित्तीय सेवाएँ मुझे सलाह देती थीं, और अगर मुझे इनसे कोई भी जानकारी मिलती थी तो मैं सोचता था कि ये मुझे सही जगह से मिल रही हैं। मैं सोसायटी के धनाढ्य व्यापारियों के साथ शामिल होता, जो मुझे जल्दी ही समृद्ध होने वाली तेल कंपनियों के बारे में बताते। वे अलास्का में यूरेनियम के बारे में धीरे-धीरे बातें करते या क्यूबेक में ज़बर्दस्त विकास के बारे में गुप्त बातें बताते। और ऐसा लगता था अगर आप अभी ही स्टॉक खरीद लें, तो ये सब भविष्य में किस्मत चमकाने की गारंटी थे। मैंने इनके स्टॉक खरीदे, लेकिन इनसे धन नहीं कमा पाया।

1953 के अंत तक जब मैं न्यूयॉर्क लौटा तो मेरे 11,000 डॉलर घटकर 5,800 रह गए थे। एक बार फिर मुझे अपनी स्थिति पर नज़र डालनी थी। व्यापारियों की जानकारियों से मुझे कुबेर का कोई खज़ाना नहीं मिल पाया जैसा कि उन्होंने पक्का विश्वास दिलाया था। वित्तीय सेवाएँ ऐसी कोई सूचना नहीं देतीं जिससे आप स्टॉक मार्केट से धन कमा सकें। उनके बताए हुए स्टॉक तो ऊपर जाने की बजाय नीचे ही जाने की प्रवृत्ति रखते हैं। मेरे कुछ कैनेडियन स्टॉक्स के रेट्स या कीमतें मुझे न्यूयॉर्क के अखबारों में नहीं मिलती थीं। फिर भी स्टॉक कोटेशन मुझे इतना आकर्षित करते थे कि *मैंने द न्यूयॉर्क टाइम्स,* द *न्यूयॉर्क हेराल्ड, ट्रिब्यून और द वॉल स्ट्रीट जनरल* जैसे अखबारों में आर्थिक कॉलम पढ़ने शुरू कर दिए।

मैंने न्यूयॉर्क एक्सचेंज के कोट किए हुए स्टॉक नहीं खरीदे, लेकिन फिर भी मुझे कुछ स्टॉक्स के आकर्षक नामों का असर और कुछ रहस्य से भरी पंक्तियों, जैसे 'ओवर द काऊंटर' की अपील अभी भी याद है।

मैं जितना ज़्यादा पढ़ता, उतना ही ज़्यादा न्यूयॉर्क मार्केट में मेरी रुचि बढ़ती जाती थी। मैंने ओल्ड स्मोकी गैस एण्ड ओएल के अलावा

सारे कैनेडियन स्टॉक बेच दिए। यह स्टॉक मैंने इसलिए रख लिया क्योंकि जिस व्यक्ति ने मुझे यह पहले पहल दिए थे उसने सलाह दी थी कि इसमें काफी अच्छी बढ़ोतरी होने की उम्मीद है, लेकिन हर बार की तरह इस बार भी कोई खास फायदा नहीं हुआ और न्यूयॉर्क में पाँच महीने के बाद मैंने सारी कशमकश को खत्म कर दिया। मैंने उस आखरी कैनेडियन स्टॉक को 10 सेंट में बेच दिया जिसे मैंने 19 सेंट में खरीदा था। साथ ही साथ मुझे हैरानी भी होने लगी कि मेरे घर के पास फैले न्यूयॉर्क स्टॉक एक्सचेंज जैसे बड़े जंगल पर धावा बोलना आसान नहीं होगा। मैंने अपने एक दोस्त, एडी एलकोर्ट, जो न्यूयॉर्क के थिएटर का एजेंट था, को फोन किया और पूछा कि क्या वह किसी न्यूयॉर्क के ब्रोकर को जानता है। उसने मुझे एक आदमी का नाम दिया जिसे मैं केलर कहकर संबोधित करूँगा।

फंडामेंटलिस्ट

अध्याय : दो

वॉल स्ट्रीट में प्रवेश

मैं ने केलर को फोन किया और उसे अपने बारे में बताया और यह भी कि मैं क्या चाहता हूँ। अगले दिन उसने मुझे कुछ पेपर साइन करने को भेजे और बताया कि मैं इन्हें जितनी जल्दी कुछ डिपॉजिट रकम के साथ वापस भेज दूँगा, उतनी जल्दी उसकी ब्रोकरेज फर्म में मैं अकाऊंट धारक हो जाऊँगा। जब मुझे उसका नोटिस मिला तब मुझे कुछ-कुछ होने लगा। अचानक मुझे लगने लगा कि मैं किसी आर्थिक परिदृश्य का हिस्सा बनने जा रहा हूँ। मैं वॉल स्ट्रीट का वर्णन नहीं कर सकता, क्योंकि मैं कभी वहाँ गया नहीं, लेकिन केवल उसका नाम ही मुझे अलग तरह से आकर्षित करता था।

लगता था कि यहाँ कुछ अलग और गंभीर होगा। अब मैं अपने शुरुआती कैनेडियन काल को मूर्खतापूर्ण सट्टेबाज़ी के दौर के रूप में देखने लगा, जिसे मैं कभी दोहराना नहीं चाहूँगा।

जब मैं न्यूयॉर्क के अखबारों में स्टॉक मार्केट कोटेशन्स के लंबे धूसर कॉलम को पढ़ता था, तो मुझे लगता था कि मैं अपनी ज़िंदगी के एक नए और सफल दौर में प्रवेश करने वाला हूँ। यह मार्केट उत्तेजित कैनेडियन मार्केट की तरह गोल्ड स्ट्राइक्स और यूरेनियम फील्ड की खबरों की वजह से पल में तोला पल में माशा होने वाला नहीं है। यह एक उत्तरदायी व्यापार है, जिसमें बैंक प्रेसीडेंट्स की स्ट्रीट और बड़े-बड़े उद्योग जुड़े हुए हैं और इसीलिए मैं इसमें उचित आदर भाव के साथ प्रवेश की तैयारी में था।

इस बार मैं स्टॉक मार्केट में अधिक सावधान और ठोस कदम बढ़ाने का इरादा रखता था। मैंने अपनी संपत्ति को जोड़कर देखा कि मुझे आगे

कितने धन के साथ काम करना है। मैंने कैनेडियन मार्केट में 11,000 डॉलर के साथ काम शुरू किया था, जिसमें मेरे ब्राइलंड निवेश के 3,000 डॉलर और उसके लाभ के 8,000 डॉलर थे। मेरे कैनेडियन ऑपरेशन के लेन-देन के चौदह महीने के बाद ये घटकर 5,200 डॉलर रह गए थे। अब मेरे पास ब्राइलंड के बचे हुए 5,800 डॉलर ही शेष थे।

वॉल स्ट्रीट में प्रवेश के लिए इतना धन पर्याप्त नहीं लग रहा था। इसलिए मैंने इसमें और धन जोड़ने का निश्चय किया। मेरे शो बिजनेस के कार्यक्रमों की बचत से मैंने इस धन को 10,000 डॉलर तक कर लिया। यह एक अच्छा अकाऊंट फिगर हो गया था। मैंने इसे एक ब्रोकर के पास जमा करा दिया।

फिर एक दिन मैंने ट्रेडिंग शुरू की। मैंने केलर को फोन किया और सर्वज्ञ बनते हुए एक वित्तीय अनुभवी की तरह ही सामान्य रूप से पूछा कि क्या अच्छा है?

मुझे अब समझ में आता ऐसी पूछताछ एक कसाई के लिए ज़्यादा अच्छी है और उस समय केलर मेरे लिए उस जैसा ही था। उसने मुझे कई 'सुरक्षित स्टॉक' के बारे में बताया। उसने मुझे इन स्टॉक के सुरक्षित होने के कई बुनियादी कारण भी समझाए। मुझे ज़्यादा कुछ समझ नहीं आया। मैं उनकी डिवीडेंट में बढ़ोतरी, स्टॉक स्प्लिट्स और धन-बढ़ोत्तरी की बातें ध्यान से सुनता रहा। अब यह मेरे लिए बहुत उच्च स्तर की व्यवसायी सलाह थी। मैंने सोचा कि यह व्यक्ति वॉल स्ट्रीट से ही अपनी जीविका चलाता है, इसलिए इसे जानकारी है। इसके अलावा उसने मुझे केवल सलाह दी है। उसने इस बात पर ज़ोर दिया था कि इसका निर्णय मेरे हाथ में है। इससे मुझे अपना भी महत्व और नेतृत्व लगा।

एक-दो स्टॉक जो उसने मुझे बताए थे तुरंत ही कुछ पॉइंट बढ़ गए। इसलिए भी मुझे उसकी सूचना पर कोई संदेह नहीं था। मैं अर्जन कर रहा था और स्टॉक मार्केट ऑपरेटर की मेरी क्षमता उसमें काम आ रही थी। मुझे वास्तव में यह मालूम नहीं चल रहा था कि मैं सबसे बड़े बुल मार्केट के बीच में पिस रहा हूँ और यहाँ समय-समय पर पन्नों पर लाभ दिखाना कोई

बड़ी बात नहीं है, जब तक कि आप बहुत ही ज़्यादा दुर्भाग्यशाली न हों।

सन् 1954 के शुरुआत में मैंने लगातार ये तीन आदर्श सौदे किए–ऐसे सौदे जिनसे मुझे तसल्ली हुई कि मैं सचमुच वॉल स्ट्रीट में हूँ। इस टेबल और पुस्तक के सारे टेबल्स में मैंने कमीशन और टैक्स को शामिल रखा है।

200 कोलंबिया पिक्सर्च

खरीदा – 20 के हिसाब से (4,050.00 डॉलर)

बेचा – $22\frac{7}{8}$ (4,513.42 डॉलर)

मुनाफा 463.42 डॉलर

200 नार्थ अमेरिकन एवीएशन

खरीदा $24\frac{1}{4}$ (4,904.26 डॉलर)

बेचा – $26\frac{7}{8}$ (5,309.89 डॉलर)

मुनाफा 405.63 डॉलर

100 किम्बरली–क्लार्क

खरीदा – $53\frac{1}{2}$ (5,390.35 डॉलर)

बेचा – 59 (5,854.68 डॉलर)

मुनाफा 464.33 डॉलर

कुल मुनाफा 1,333.38 डॉलर

आपने ध्यान दिया होगा कि हर लेन–देन में मुझे 400 डॉलर से ज़्यादा का लाभ हुआ। यह कोई बड़ी रकम नहीं थी, लेकिन कुछ हफ्तों में लगातार 1,333.38 डॉलर के तीन लाभ से मुझे ऐसा लगने लगा कि ये कुछ सुगम, साधारण और नियंत्रित तरीका है। वॉल स्ट्रीट में लाभ के साथ काम करने के एहसास और इस स्थान के लिए एक स्वाभाविक आदर भाव की वजह से मैं कुछ मूर्खतापूर्ण प्रसन्नता में रहने लगा। मुझे लगने लगा कि मैं अपनी कैनेडियन स्टॉक की अपरिपक्वता खोता जा रहा हूँ और इनर सर्कल का सदस्य बनता जा रहा हूँ। मैं ये बिल्कुल भी नहीं समझा कि मैंने कोई

प्रगति नहीं की है - मैं केवल इस बात को छुपाने के लिए कुछ झूठे आश्वासन दे रहा था। उदाहरण के लिए मैं अपने ब्रोकर की दी हुई सलाह को सूचना समझने लगा था। मैंने जानकारियों को सुनना बंद कर दिया था और वैध वित्तीय साक्ष्यों पर आधारित प्रामाणिक खबरों को ग्रहण करना शुरू कर दिया था।

इस तरह से मेरी नाव आसानी से निकल पड़ी। अप्रैल और मई 1954 के कुछ ट्रांजेक्शन्स की सूची यहाँ दे रहा हूँ-

शेयर	**खरीदा**	**बेचा**
नेशनल कंटेनर	11	$12\frac{3}{8}$
ट्राई- कांटीनेंटल वारंट्स	$5\frac{1}{8}$	06
एलिस-चाल्मर्स	$50\frac{3}{4}$	$54\frac{7}{8}$
बसीरस इरी	$24\frac{3}{4}$	$26\frac{3}{4}$
जनरल डायनामिक्स	$43\frac{1}{2}$	$47\frac{1}{4}$
मेस्टा मशीन	32	34
यूनिवर्सल पिक्चर्स	$19\frac{5}{8}$	$22\frac{3}{4}$

लाभ, लाभ, लाभ। मेरा आत्मविश्वास पूरी ऊँचाई पर था। यह सचमुच कनाडा वाला हाल नहीं था। यहाँ मैंने जो छुआ, वह सोना बन गया। मई के अंत तक मेरे 10,000 डॉलर बढ़कर 14,600 डॉलर हो गए थे।

कभी-कभी होने वाले नुकसान मुझे परेशान नहीं करते थे। मैं इन्हें समृद्धि के रास्ते में ऊपर चढ़ते हुए हल्के-फुल्के अनिवार्य से अवरोध मान लेता था। साथ ही जब भी कोई ट्रेड सफल हो जाता था, तो मैं अपनी पीठ थपथपाता था और जब नुकसान हो जाता तो उसका दोष ब्रोकर के सिर मढ़ देता था।

मैं लगातार ट्रेड करता रहा। मैं अपने ब्रोकर को कभी-कभी दिन में बीस फोन करता था। जब तक मैं दिन भर में कम से कम एक ट्रांजेक्शन नहीं कर लेता था, तब तक मुझे मार्केट में अपना रोल पूरा नहीं लगता था। अगर मैं कोई नया स्टॉक देख लेता, तो मैं उसे लेना चाहता था। मैं नए स्टॉक

के लिए ऐसे लालायित रहता, जैसे बच्चे नए खिलौने के लिए रहते हैं।

जुलाई, 1954 के आसपास मैं वॉल स्ट्रीट के जिन ट्रांजेक्शन्स में उलझा रहा, उनकी सूची बताती है कि कैसे मैंने बहुत थोड़े लाभ के लिए अपनी ऊर्जा को लगाए रखा।

200 अमेरिकन ब्राडकास्टिंग पैरामाउंट

खरीदा

100 – $16\frac{7}{8}$ के हिसाब से (1,709.38 डॉलर)

100 – $17\frac{1}{2}$ के हिसाब (1,772.50 डॉलर)

बेचा – $17\frac{7}{8}$ (3,523.06 डॉलर)

मुनाफा 41.18 डॉलर

100 न्यूयॉर्क सेंट्रल

खरीदा – $21\frac{1}{2}$ (2,175.75 डॉलर)

बेचा – $22\frac{1}{2}$ (2,213.70 डॉलर)

मुनाफा 37.95 डॉलर

100 जनरल रिफ्राक्टरीज्

खरीदा – $24\frac{3}{4}$ (2,502.38 डॉलर)

बेचा – $24\frac{3}{4}$ (2,442.97 डॉलर)

हानि – 59.41 डॉलर

100 अमेरिकन एयरलाइन्स

खरीदा – $14\frac{3}{4}$ (1,494.75 डॉलर)

बेचा – 15 (1,476.92 डॉलर)

हानि – 17.83 डॉलर

कुल मुनाफा – 79.13 डॉलर

कुल हानि – 77.24 डॉलर

इस लेन-देन में मेरा कुल लाभ 1.89 डॉलर रहा। इन सबमें सबसे खुश व्यक्ति मेरा ब्रोकर था। न्यूयॉर्क स्टॉक एक्सचेंज के नियमों के मुताबिक

इन दस ट्रांजेक्शन्स पर उसका कमीशन 236.65 डॉलर बनता था। दुर्भाग्यवश, मेरे 1.89 डॉलर के लाभ में मेरी टेलीफोन कॉल्स का खर्च नहीं जुड़ा था।

इन सबके बावजूद केवल एक बात मुझे परेशान कर रही थी। मेरे ब्रोकर के स्टॉक मार्केट से जुड़े हुए आधे शब्द तो मुझे समझ ही नहीं आते थे। मैं अपनी अज्ञानता दिखाना नहीं चाहता था। इसलिए मैंने इस विषय पर पढ़ने का निश्चय कर लिया। न्यूयॉर्क के दैनिक अखबार में आर्थिक कॉलम पढ़ने के अलावा मैंने स्टॉक मार्केट पर किताबें भी पढ़नी शुरू कर दीं जिससे मैं उसके स्तर पर बात कर सकूँ।

धीरे-धीरे मैं नए शब्दों की शृंखला से परिचित होने लगा और हमेशा उन्हें प्रयोग में लाने की कोशिश करने लगा। मैं कमाई (Earnings), डिवीडेंट (Dividends), कैपिटलाइजेशन (Capitalization) जैसे शब्दों से आकर्षित होता था। मैंने सीखा कि 'प्रति शेयर मुनाफे' का मतलब है "आउटस्टैन्डिंग शेयर की संख्या" को कंपनी के शुद्ध लाभ से भाग देना और लिस्टेड (Listed Securities) का मतलब है "उन स्टॉक की सूची जो न्यूयॉर्क और अमेरिकन स्टॉक एक्सचेंज में हैं।"

मैंने स्टॉक, बांड, एसेट, प्रोफिट और यील्ड्स की परिभाषाओं को समझने में मेहनत की। पढ़ने के लिए बहुत कुछ था, क्योंकि स्टॉक मार्केट के बारे में हजारों पुस्तकें छापी जा चुकी हैं। कई सांस्कृतिक विषयों से ज़्यादा पुस्तकें स्टॉक मार्केट के बारे में लिखी जा चुकी हैं।

इस समय मैंने जिन पुस्तकों को पढ़ा वे हैं :

एबीसी ऑफ इनवेस्टिंग - आर.सी. एफिंगर

द स्टॉक मार्केट - डाइस एण्ड एटमैन

द सिक्योरिटिस मार्केट

एण्ड हाऊ इट वर्क्स - बी.ई. शूल्ट्ज़ ,

थोर इन्वेस्टमेन्ट्स - लियो बारनेस

प्रोफिट इन द स्टॉक मार्केट - एच.एम. गार्टेले

कंसिस्टेन्ट प्रोफिट्स इन दी स्टॉक मार्केट - कर्टिस डाल

यू कैन मेक मनी इन दी स्टॉक मार्केट - ई.जे. मान्न

नए शब्दों के ज्ञान से सुसज्जित होकर, जिसे मैं अपने ज्ञान में वृद्धि समझता था मैं अधिक महत्वाकांक्षी हो गया। अब मुझे लगने लगा कि एक दूसरे ब्राइलंड के ढूँढ़ने का समय आ गया है। हो न हो वॉल स्ट्रीट में कोई न कोई बड़ा अच्छा स्टॉक होना ही चाहिए जो मुझे भी अच्छा लगे। ऐसा ही कोई अच्छा स्टॉक आज मैं लिटिल पैनी स्टॉक को समझता हूँ।

मैं मूडीस, फिच, स्टैण्डर्ड एण्ड पुअर्स जैसी स्टॉक मार्केट सेवाओं का ग्राहक बन गया। इनसे मुझे महत्वपूर्ण लगने वाली सूचनाएँ मिलने लगीं- ये अलग बात है कि उनमें से कोई भी मुझे समझ नहीं आती थीं।

उसके कुछ अंश इस तरह के होते थे -

"आने वाले समय में उपभोक्ता के ड्यूरेबल माल, नॉन ड्यूरबल और सेवाओं पर खर्च करने की वजह से और साथ ही उत्पादन क्षमता में सुधार के कारण कंपनियों की आय और डिवीडेंट में बढ़ोत्तरी की उम्मीद है। फिलहाल कुछ समय के लिए हम मान सकते हैं कि बाजार में इसी प्रकार की अनियमितता देखी जा सकती है जब तक बाजार में यह बदलाव आने शुरू नहीं होते।"

ब्राइलंड की तरह कौन-सा स्टॉक ऊपर चढ़ने वाला है, यह छोड़कर सेवाएँ बड़ी ही प्रतिष्ठित, आकर्षक और जो मैं जानना चाहता था सभी बताती थीं।

जब मैं इन्हें पढ़ता था, तो मेरी जिज्ञासा बढ़ जाती थी। मैं जानना चाहता था कि अन्य स्टॉक मार्केट सेवाएँ क्या कहती हैं ? मैंने अखबारों में देखा कि कनाडा की तरह यहाँ भी इन सेवाओं की एक डॉलर में चार ट्रॉयल प्रति ली जा सकती हैं। जल्दी ही मैं सभी विज्ञापित सेवाओं का ट्रायल-ग्राहक बन गया था।

मैं दैनिक अखबार, आर्थिक कॉलम, बुक जैकेट्स में से कॉलम काटकर रखता था। जब भी मैं कोई नई वित्त सेवा का विज्ञापन देखता था, तुरंत ही अपना एक डॉलर उसमें लगा देता था।

जब भी वित्तीय सेवाओं की प्रतियाँ आती थीं, मुझे हैरानी होती थी कि ये आपस में विरोधाभास रखती थीं। एक ही स्टॉक के लिए जहाँ एक

सेवा खरीदने की सलाह देती है वहीं दूसरी बेचने पर जोर देती थी। मैंने यह भी देखा कि ये सलाह या सिफारिश हमेशा ही गैर-जिम्मेदाराना तरीके की होती थीं। वे 'रिएक्शन पर खरीदो' या 'डिप पर खरीदो' जैसे शब्दों का प्रयोग करते थे, लेकिन किसी ने मुझे यह नहीं बताया कि मैं 'रिएक्शन' या 'डिप' किसे मानूँ।

इन सबको नज़रअंदाज करते हुए मैं लगन से इस उम्मीद में इन्हें पढ़ता रहा कि शायद ऐसे किसी स्टॉक को जान सकूँ जो लगातार बढ़ता जाता है।

एक दिन, एक ऐसी सलाहकार संस्था जो वर्ष में केवल पाँच या छह बार ही सूचना देती थी, ने एमर्सन रेडियो का विश्लेषण करते हुए एक बढ़िया खबर, बल्कि लगभग पूरी किताब ही छाप दी। उसमें उन्होंने इस कंपनी की तुलना एक विशाल कंपनी आर.सी.ए. से की थी। उन्होंने एमर्सन की पूँजी नीति, सेल्स वॉल्यूम, टैक्स से पहले और बाद के लाभ, प्रति शेयर लाभ, प्राइज़-अर्निंग रेशियो की तुलना आदि को विस्तार से बताया था।

मुझे पूरी-पूरी बात समझ में नहीं आई, लेकिन मैं उनके विद्वतापूर्ण शब्दों और विश्लेषणात्मक तुलना से बहुत प्रभावित हुआ। उन्होंने साबित किया था कि एमर्सन स्टॉक, जो अभी 12 के भाव पर बेचा जा रहा है, आगे चलकर आर.सी.ए. की तुलना में 30 से 35 तक हो जाएगा।

मैंने एमर्सन खरीद लिया। मैंने $12\frac{1}{2}$ में इसे खरीदा। जिस तरह से उस आकर्षक पत्रिका ने इसकी कीमत 35 तक बताई थी, उस हिसाब से मुझे यह काफी सस्ता सौदा लगा, लेकिन हुआ क्या? यह आग की तरह बढ़ने वाला स्टॉक अचानक गिरना शुरू हो गया। हैरान-परेशान होकर मैंने इसे बेच दिया।

अब मुझे पूरा विश्वास हो गया कि इस आकर्षक पत्रिका को तैयार करने वाले बड़े भारी विश्लेषक के पास बुरी नीयत के सिवाए कुछ नहीं था, लेकिन सच यह था कि वह स्टॉक 1956 के अंत में मात्र $5\frac{3}{4}$ का रह गया।

इस दौरान वॉल स्ट्रीट में काफी समय से लोगों की जुबान पर चली आ रही, लेकिन मेरे लिए बिल्कुल नई एक कहावत मैंने सुनी - "आप

मुनाफा काटने पर कभी दिवालिया नहीं हो सकते हैं।'' मैं इससे बहुत प्रभावित हुआ और इसे आज़माने के लिए बेचैन हो उठा और मैंने वैसा ही किया भी।

फरवरी 1955 में कैसर एल्यूमीनियम उत्कृष्ट शेयरों में से एक था। अपने ब्रोकर के कहने पर मैंने 6,378.84 डॉलर देकर $63\frac{3}{8}$ के हिसाब से 100 शेयर खरीद लिए। यह तेज़ी से बढ़ा और 75 का होने पर मैंने इसे बेच दिया। इससे मुझे 7,453.29 डॉलर मिले। एक महीने से भी कम समय में मुझे 1,074.45 डॉलर का लाभ हो गया।

दूसरे लाभ की उम्मीद में मैंने 83 के हिसाब से 100 बोईंग खरीद लिए। मैंने इसके लिए 8,343.30 डॉलर खर्च किए। यह स्टॉक तुरंत ही गिरना शुरू हो गया। चार दिन के बाद मैंने इसे $79\frac{7}{8}$ के हिसाब से 7,940.05 डॉलर में बेच दिया। बोईंग के लेन-देन में मुझे 403.25 डॉलर का नुकसान हुआ।

इस नुकसान की भरपाई के लिए मैंने अप्रैल के पहले सप्ताह में मैग्मा कॉपर खरीदा। यह $89\frac{3}{4}$ पर बेचा जा रहा था। मैंने 9,018.98 डॉलर्स में 100 शेयर खरीदे। जैसे ही मैंने ये शेयर खरीदे इनमें गिरावट शुरू हो गई। दो हफ्ते के बाद मैंने इन्हें $80\frac{1}{2}$ के हिसाब से 8,002.18 में बेच दिया। इससे मुझे 1,016.80 डॉलर का नुकसान हुआ।

इस समय तक कैसर एल्यूमीनियम, जिससे मैं मार्च के पहले सप्ताह में ही बाहर निकल चुका था, अब 82 का हो गया था। एक सलाहकार सेवा इसे खरीदने के बारे में कह रही थी इसलिए मैं एक बार फिर इसकी तरफ मुड़ गया और इसी मूल्य पर 8,243.20 डॉलर के 100 शेयर खरीद लिए।

पाँच मिनट के बाद ही यह गिरने लगा। ज़्यादा नुकसान के डर से मैंने इसे $81\frac{3}{4}$ में बेच दिया और मुझे 8,127.59 डॉलर मिले। इसका मतलब पाँच मिनट की ट्रेडिंग में मैंने 115.61 डॉलर का नुकसान किया (जिसमें कमीशन भी शामिल था)।

कैसर की पहली डील में मुझे 1,074.45 का लाभ हुआ था। अलग-

अलग शेयर खरीदने-बेचने में जो नुकसान हुआ वह 1,535.66 डॉलर का था। अगर मैं पूरे सर्कुलर लेन-देन को देखूँ, जो कैसर से शुरू हुआ और कैसर पर खत्म हुआ, तो मुझे कुल 461.21 डॉलर का नुकसान हुआ।

अगर मैं कैसर को आखिरी में $81\frac{3}{4}$ पर बेचने के बदले $63\frac{2}{8}$ की वास्तविक खरीद पर रुका रहता तो मुझे 461.21 के नुकसान के बदले 1,748.75 डॉलर का लाभ होता।

एक दूसरा उदाहरण भी देखिए। नवम्बर, 1954 से मार्च, 1955 तक मैं लगातार एक स्टॉक रेयोनियर को खरीदता-बेचता रहा। जो कि आठ महीने के समय में 50 से 100 हो गया। रेयोनियर में मेरा (हर बार 100 शेयर) लेन-देन इस तरह रहा :

नवम्बर-दिसम्बर 1954

खरीद-53 पर (5,340.30 डॉलर)

विक्रय-$58\frac{1}{4}$ पर (5,779.99 डॉलर)

लाभ 439.69 डॉलर

फरवरी-मार्च 1955

खरीद - $63\frac{7}{8}$ पर (6,428.89 डॉलर)

विक्रय- $71\frac{5}{8}$ पर (7,116.13 डॉलर)

लाभ-687.24 डॉलर

मार्च 1955

खरीद-72 पर (7,242.20 डॉलर)

विक्रय-74 पर (7,353.39 डॉलर)

लाभ-111.19 डॉलर

कुल लाभ-1,238.12 डॉलर

इस तरह से इस ट्रेड में मुझे कुल 1,238.12 डॉलर का लाभ हुआ। लेकिन नुकसान का मेरा पुराना चक्कर फिर शुरू हो गया। अप्रैल 1955 में मैंने मनाती शुगर को चुना। मैंने 8,508.80 डॉलर्स में $8\frac{3}{8}$ के भाव से 1,000 शेयर खरीदे। इसके तुरंत बाद ही उसमें गिरावट आ गई और मैंने $7\frac{3}{4}$,

$7\frac{5}{8}$, $7\frac{1}{2}$ के अलग-अलग भाव पर इसे बेच दिया। मुझे 1,043.10 डॉलर्स के नुकसान के बाद 7,465.70 डॉलर वापस मिले। रेयोनियर-मनाती दोनों की डील को देखें तो मैं इसमें 195.02 डॉलर के लाभ में रहा।

हालाँकि अगर मैं लगातार लाभ लेने की कोशिश को छोड़कर नवम्बर में की गई रेयोनियर की ओरिजिनल खरीद पर रुका रहता और अप्रैल में इसे 80 पर बेच देता, तो मुझे १९९९९95.02 डॉलर के बजाय 2,612.48 का लाभ हुआ होता।

इस सबका क्या मतलब है? मैं उस समय इस बात की प्रशंसा नहीं कर सका, लेकिन यह उस परंपरागत बात का ज़बर्दस्त खंडन था कि लाभ में बेचते हुए आप कंगाल नहीं हो सकते। आप ज़रूर हो सकते हैं।

स्टॉक मार्केट की एक और कहावत मुझे आकर्षित करती थी – 'सस्ता खरीदो, महँगा बेचो'। यह सुनने में तो अच्छा लगता था, लेकिन मैं सस्ता कहाँ से खरीदूँ? जब मैं किसी सस्ते सौदे की तलाश में था, तब मुझे ओवर-दि काउंटर मार्केट के बारे में पता चला। यह मार्केट उन स्टॉक्स का होता है, जो एक्सचेंज में लिस्टेड नहीं हैं। मैं शेयर मार्केट की पुस्तकों को पढ़ने के बाद यह जान गया था कि स्टॉक एक्सचेंज में अपने स्टॉक को लिस्ट कराने के लिए किसी कंपनी को बहुत ही सख्त आर्थिक नियमों का पालन करना पड़ता है। मैंने यह भी पढ़ा कि ये नियम ओवर-दि-काउंटर स्टॉक पर लागू नहीं होते।

इसी वजह से अच्छे सौदे को ढूँढ़ने के लिए मुझे यही मार्केट उपयुक्त लगा। मुझे सीधे-सीधे यह लगा कि चूँकि ये स्टॉक्स सूची में नहीं होते, इसलिए इनके बारे में कुछ ही लोग जानते होंगे और इसलिए मैं इन्हें सस्ता खरीद सकता हूँ। जल्दी ही मैं 'ओवर-दि-काउंटर' सिक्योरिटीज़ रिव्यू की एक मासिक पत्रिका का ग्राहक बन गया और खोज़ शुरू कर दी।

मैंने उसमें दिए हुए हज़ारों-हज़ार नामों में से कोई अच्छा सौदा ढूँढ़ने की कोशिश की। मैंने पैसिफिक एयरमोटिव, कॉलिन्स रेडियो, गल्फ सुल्फर, डोमन हैलीकॉप्टर, केनामेटल, टेक्ऑल कॉर्पोरेशन जैसे इसी तरह के और भी कुछ गुमनाम स्टॉक खरीदे, लेकिन जब मैंने इन्हें बेचने की कोशिश की

तो इनमें से कुछ मेरी उंगलियों में तारकोल की तरह चिपक गए। इनसे छुटकारा पाना मेरे लिए बहुत मुश्किल हो गया और खरीद के मूल्य पर तो ये शायद ही बिकने वाले थे। क्यों? क्योंकि यहाँ सूचीबद्ध शेयरों की सुरक्षा नीति की तरह कोई भी सख्त मूल्य-अनुशासन नहीं था, यहाँ मार्केट को सुचारु और बिना रुके चलाने के लिए कोई विशेषज्ञ या व्यवसायी नहीं थे। यहाँ किसी लेन-देन के मूल्य को देखने के लिए कोई रिपोर्ट नहीं थी। इसमें केवल 'खरीदने' और 'बेचने' के मूल्य थे। मैंने पाया कि ये भी पहुँच से बहुत बाहर होते थे। जब मैं बेचने के लिए दिए गए मूल्य 42 पर इसे बेचना चाहता था, तब मुझे क्रय के मूल्य 38 पर खरीदने वाले लोग ही मिलते थे। कभी-कभी मैंने 40 पर भी बेचा लेकिन यह भी हमेशा नहीं होता था।

जब मैं इस 'ओवर-दि-काउंटर' मार्केट में ठोकरें खा रहा था, तब यह सब कुछ समझ में आ गया कि यह एक विशेषज्ञता से भरा क्षेत्र है और यह केवल उन विशेषज्ञों के लिए लाभदायक है जो सचमुच किसी विशिष्ट कंपनी के व्यापार के बारे में समझते हैं। मैंने इसे छोड़ने का निर्णय किया और लिस्टेड सिक्योरिटीज़ की तरफ मुड़ गया।

इस दौरान मैंने एक बार भी वॉल स्ट्रीट की अफवाहों की सच्चाई पर संदेह नहीं किया। मेरे पास यह जानने का कोई रास्ता नहीं था कि वे कैनेडियन या अन्य बाज़ारों की अफवाहों की तरह ही खतरनाक और गलत जानकारी देने वाली हैं या नहीं।

वॉल स्ट्रीट से सीधी जुड़ी हुई जो भी ठोस सूचना मिलती थी, मेरे लिए वह बहुत आकर्षक होती थी। इन सूचनाओं को जल्दी-जल्दी निगलने और उनके अनुसार आगे बढ़ने के दो उदाहरण यहाँ देना चाहता हूँ।

एक दिन मार्केट में एक ज़बर्दस्त अफवाह उड़ी कि एक रेलरोड सामान बनाने वाली कंपनी बाल्डविन-लिमा-हैमिल्टन को एक परमाणु ट्रेन बनाने का ऑर्डर मिला है। वॉल स्ट्रीट में इस खबर से तुरंत ही हलचल मच गई। इस कंपनी का स्टॉक 12 से बढ़कर 20 हो गया।

जब तक ये चौंकाने वाली खबर मैंने सुनी, तब तक यह स्टॉक उस मूल्य तक पहुँच चुका था, जो इसका उच्चतम मूल्य साबित हुआ। मैंने

24½ के हिसाब से 200 शेयर खरीदे। इसे मैंने 4,954.50 में खरीदा। मैंने इस स्टॉक को दो सप्ताह रखा और पूर्ण अविश्वास के साथ निगरानी रखता रहा। यह शेयर गिरकर वापस 19¼ पर पहुँच गया। इस समय मुझे लगा कि कहीं कोई गड़बड़ हुई है और मैंने इसे 1,160.38 डॉलर के नुकसान पर बेच दिया। हालाँकि अपनी घबराहट में मैंने बहुत ही अच्छा काम किया था। इस स्टॉक के साथ मुझे बहुत नुकसान होता, क्योंकि बाद में यह लुढ़ककर 12¼ पर चला गया था।

दूसरी बार मेरे ब्रोकर ने मुझे फोन किया और कहा- "इस साल के अंत तक स्टरलिंग प्रेसिशन 40 तक पहुँच जाएगा।" उस समय यह स्टॉक 8 का था। उसने मुझे इसका कारण बताया- "यह कंपनी कुछ छोटी समृद्ध कंपनियों को खरीद रही है और यह थोड़े ही समय में काफी बड़ी कंपनी हो जाएगी।" उसने यह भी बताया कि यह एकदम ताज़ी खबर है।

मेरे लिए यह काफी था। क्यों नहीं होता? आखिर एक वॉल स्ट्रीट ब्रोकर, जो मेरी नज़र में गलत नहीं हो सकता था, ने ऐसी प्रामाणिक खबर देकर मेरी भलाई ही की थी। मैं अपनी खरीद का ऑर्डर तुरंत नहीं दे पाया। सूचना के स्रोत के आधार पर मैंने यह निर्णय लिया कि इस बार बड़ी डुबकी लगाई जाए। मैंने 7⅞ के भाव से स्टरलिंग प्रेसिशन के 1000 स्टॉक 8,023.10 डॉलर में खरीद लिए। मैं खुशी-खुशी बैठकर इसके 40 होने की प्रतीक्षा करने लगा। आसमान छूना तो दूर की बात रही, यह तो लड़खड़ाने लगा। यह धीरे से नीचे जाने लगा। जब ऐसा लगने लगा कि कुछ गड़बड़ है और शायद यह 7 के नीचे चला जाएगा, तो मैंने 7⅛ के भाव पर इसे 6,967.45 डॉलर में इसे बेच दिया। इस खबर ने मुझे कुल 1,055.65 डॉलर का नुकसान करा दिया। यह स्टॉक गिरते हुए $4^{1/8}$ पर आ गया।

वॉल स्ट्रीट का हिस्सा होने का जो गर्व मेरे अंदर था, उसको देखते हुए ये नुकसान कुछ भी नहीं थे। मैं लगातार नए तरीकों की खोज़ करता रहता था। एक दिन, द वॉल स्ट्रीट जनरल पढ़ते हुए मेरी नज़र एक कॉलम पर गई जिसमें लिखा था कि लिस्टेड सूचीबद्ध कंपनी के अफसर और

डायरेक्टर स्टॉक ट्रांजेक्शन कर रहे हैं। जब मैंने इसमें आगे देखा तो मुझे पता लगा कि षड्यंत्रों को रोकने के लिए दि सिक्योरिटीज एण्ड एक्सचेंज कमीशन ने यह प्रावधान किया है कि जब कंपनी के डायरेक्टर और अफसर अपनी ही कंपनी के स्टॉक खरीदें या बेचें तो कमीशन को रिपोर्ट करें। यह सचमुच कुछ अच्छा था। इससे मुझे पता लग सकता था कि वास्तविक इनसाइडर क्या कर रहे हैं। मुझे तो बस उनका अनुसरण करना था। अगर वे खरीद रहे हैं, तो मैं भी खरीदूँगा और अगर वे बेच रहे हैं तो मैं भी बेचूँगा।

मैंने ऐसा ही करने की कोशिश की, लेकिन इससे बात नहीं बनी। जब तक मुझे अंदरूनी जानकारी मिल पाती तब तक देर हो चुकी होती थी। साथ ही मैंने देखा कि ये अंदरूनी लोग आम आदमी की तरह की ही गलतियाँ भी करते हैं। दूसरे निवेशकों की तरह ये लोग भी खरीदने में देरी और बेचने में जल्दबाज़ी कर जाते हैं। मैंने एक अन्य खोज की। उनको अपनी कंपनी के बारे में तो सब कुछ पता था, लेकिन जिस मार्केट में उनका स्टॉक बेचा जा रहा है उसके व्यवहार का उन्हें पता नहीं था।

ऐसे ही एवं अन्य अनुभवों से मेरे सामने कुछ निष्कर्ष उभरकर आने लगे। जैसे एक बच्चा एक ही शब्द को बार-बार सुनने के बाद उसे सीख जाता है, उसी तरह से अपने ट्रेडिंग अनुभव से धीरे-धीरे मैं भी कुछ ऐसे नियमों की रूपरेखा को समझने लगा, जिन्हें मैं प्रयोग में ला सकता था और वे यह थे :

1. मुझे वित्तीय सेवाओं का अनुसरण नहीं करना है। वे विश्वसनीय नहीं हैं, चाहे वे कनाडा की हों या वॉल स्ट्रीट की।
2. मुझे ब्रोकर की सलाह पर भी सतर्क रहना है। वे गलत भी हो सकते हैं।
3. मुझे वॉल स्ट्रीट की कहावतों पर ध्यान नहीं देना है। चाहे वे कितनी भी पुरानी या मान्य हों।
4. मुझे 'ओवर-द-काउंटर' ट्रेड नहीं करना है। केवल सूचीबद्ध स्टॉक्स में ही ट्रेड करना है जहाँ बेचने की ज़रूरत होने पर खरीददार

मिल जाएँ।

5. मुझे अफवाहों पर ध्यान नहीं देना है, चाहे वे कितनी ही पक्की क्यों न लगें।

6. जुआ खेलने की अपेक्षा बुनियादी पकड़ मेरे लिए ज़्यादा अच्छी है। मुझे इसी का अध्ययन करना चाहिए।

मैंने अपने लिए ही ये नियम लिख लिए और इनके अनुसार ही कदम बढ़ाने का निर्णय ले लिया। मैंने अपने ब्रोकरेज का हिसाब-किताब देखा और इसी समय मुझे सातवाँ नियम समझ आ गया। मैंने पाया कि मेरे पास एक ऐसा स्टॉक था जिसके होने का मुझे पता ही नहीं था।

यह स्टॉक वर्जीनियन रेलवे था और अगस्त 1954 में मैंने $29^{3/4}$ डॉलर प्रति शेयर के मूल्य पर 3,004.88 डॉलर के 100 शेयर खरीदे थे। इन्हें खरीदकर मैं भूल ही गया था क्योंकि मैं फोन पर कई स्टॉक्स खरीदने-बेचने में व्यस्त रहा। इनमें से कुछ में मैंने सिर्फ 75 सेंट्स कमाए। जबकि कई बार तो किसी गिरते हुए स्टॉक के और गिरने के पहले उसे बेचने के लिए उत्तेजित होकर फोन घुमाए।

वर्जीनियन रेलवे से मुझे एक क्षण की भी व्यग्रता नहीं हुई थी, इसलिए मैंने इसे रख छोड़ा था। यह ऐसा था जैसे कोई अच्छा बच्चा एक कोने में बैठकर चुपचाप खेलता रहता है, जबकि मैं दूसरे दर्जन भर बिगड़े बच्चों के व्यवहार को संभाले रहा था। अब जब ग्यारह महीने तक रखे रहने के बाद मैंने इसे देखा तो पहचान ही नहीं पाया। यह इतना सुस्त पड़ा था कि मेरे दिमाग से ही निकल गया था। मैंने जल्दी से अपने स्टॉक टेबल्स को देखा। यह अभी $43^{1/2}$ पर था। यह भूला हुआ, शांत, डिवीडेंड देने वाला स्टॉक धीरे-धीरे बढ़ रहा था। मैंने इसे बेच दिया और मुझे 4,308.56 डॉलर मिले। मेरी तरफ से किसी कोशिश या व्यग्रता के बगैर मैंने उससे 1,303.68 डॉलर कमा लिए। इसने मुझे एक और सच से वाकिफ कराया जो मेरा नियम 7 बना।

7. एक ही समय में दर्जन भर स्टॉक्स को छोटे-छोटे वक्त के लिए इधर-उधर करने की बजाय एक बढ़ते हुए स्टॉक को लंबे समय

तक पकड़े रखना चाहिए।

लेकिन कौन-सा स्टॉक बढ़ेगा यह मैं अपने आप कैसे पता लगा सकता हूँ?

मैंने सोचा कि वर्जीनियन रेलवे को एक बार फिर से देखना चाहिए। आखिर जब दूसरे स्टॉक्स उछल-कूद कर रहे थे, उस समय यह स्थिरता से कैसे बढ़ रहा था? मैंने जानकारी के लिए अपने ब्रोकर से बात की। उसने मुझे बताया कि इस कंपनी ने अच्छा डिवीडेंड दिया और इसके लाभ का रिकॉर्ड अच्छा है। इसकी आर्थिक स्थिति बहुत अच्छी है। अब मुझे इसके नियमित रूप से बढ़ने का कारण समझ में आया। यही इसका बुनियादी कारण था। इससे मुझे अपनी बुनियादी पकड़ की सही दिशा के लिए संतुष्टि हुई।

मैंने अपनी इसी पकड़ को बनाए रखने के लिए अपने दिमाग को तैयार कर लिया। मैंने पढ़ा, समझा और विश्लेषण किया। अब मैं आदर्श स्टॉक खोजने के लिए निकल पड़ा।

मैंने सोचा कि अगर कंपनी रिपोर्ट को ठीक से पढ़ूँ-समझूँ तो किसी स्टॉक के बारे में सब कुछ मालूम कर सकता हूँ और निर्णय ले सकता हूँ कि यह अच्छा निवेश है या नहीं। मैंने बैलेंस शीट्स और इन्कम-अकाऊंट्स के बारे में सीखना शुरू कर दिया। 'संपत्ति (Assests), लायबिलिटीज़ (Liabitities), कैपिटलाइज़ेशन (Captilization) और राइट-ऑफ्स (Write offs) जैसे शब्द मेरे शब्दकोश में सामान्य जगह ले चुके थे।

कई महीनों तक मैं इन समस्याओं से जूझता रहा। मेरे रोज़ के सौदों के बाद हर रात कई घंटे मैं हज़ारों कंपनियों के स्टेटमेंट्स में डूबा रहता था। मैं उनके एसेट, उनकी लायबिलिटीस कैपिटलाइज़ेशन और उनके प्राइस-अर्निंग रेशियो की तुलना करता रहता था।

मैंने अपनी उंगलियों पर सूची बना ली थी:

- उच्च श्रेणी वर्ग के स्टॉक
- विशेषज्ञों के प्रिय स्टॉक
- बुक वैल्यू के नीचे बिकने वाले स्टॉक

- अच्छी कैश स्थिति वाले स्टॉक
- ऐसे स्टॉक जिन्होंने कभी डिवीडेंड कम न किया हो

समय के साथ-साथ, मेरा सामना फिर उसी समस्या के साथ होने लगा। जब कागज़ पर सब बातें ठीक दिखतीं, जब बैलेंस शीट बिलकुल सही दिखती, जब आसार अच्छे दिखते, तब भी स्टॉक मार्केट मेरे अनुसार नहीं चला।

मान लीजिए, जब मैंने दर्जन भर कंपनियों की आर्थिक स्थिति का सावधानी से विश्लेषण किया और काफी अध्ययन के बाद यह निर्णय लिया कि अमेरिकन विस्कोस और स्टीवेन्स की बैलेंस शीट सबसे बढ़िया है, तब भी मुझे यह समझ में नहीं आया कि मेरी पसंद की इन दोनों कंपनियों के शेयर्स के बदले टैक्सट्रान नाम की कंपनी के स्टॉक ऊपर कैसे चढ़ गए। यही नमूना मुझे दूसरे उद्योग-समूह में भी मिला।

चकराया और थोड़ा घबराया हुआ मैं सोचने लगा कि क्या किसी कंपनी की श्रेष्ठता को जाँचने के लिए किसी हायर अथॉरिटी के फैसले को मान लेने में ज़्यादा बुद्धिमानी है ? ऐसी किसी अथॉरिटी के बारे में मैंने अपने ब्रोकर से पूछताछ की। उसने व्यापक रूप से प्रयोग में आने वाली एक गंभीर तथा बहुत विश्वसनीय मासिक पत्रिका के बारे में बताया जो कई हज़ार स्टॉक्स पर समृद्ध डाटा उपलब्ध कराती है। यह सेवा स्टॉक्स की व्यापार-प्रकृति, लगभग बीस सालों में उनकी मूल्य-सीमा, उनकी डिवीडेंड की राशि, उनके आर्थिक गठन और प्री-शेयर वार्षिक आय के बारे में बताती थी। यह सेवा हर स्टॉक को उसकी सुरक्षा और महत्व के अनुसार वर्गीकृत करती थी। उनकी इस प्रणाली ने मुझे आकर्षित किया।

उच्च श्रेणी के स्टॉक जिनका डिवीडेंड निश्चित था उन्हें इस तरह से वर्गीकृत किया जाता था :

- एएए-सबसे सुरक्षित
- एए-सुरक्षित
- ए-ठीक-ठीक

निवेश के लिए अच्छे ऐसे स्टॉक जो सामान्यतः डिवीडेंड देते हैं :

- बीबीबी-समूह में सबसे अच्छे
- बीबी-अच्छे
- बी-ठीक

निम्न श्रेणी के स्टॉक जो डिवीडेंड तो देते हैं लेकिन भविष्य जिनका पता नहीं :

- सीसीसी-समूह में सबसे अच्छे
- सीसी -जिसमें ठीक-ठाक डिवीडेंड मिलने के आसार
- सी - जिनमें डिवीडेंड के कम आसार हों

निम्नतम श्रेणी के स्टॉक :

- डीडीडी - कोई डिवीडेंड मिलने के आसार नहीं
- डीडी - जिसमें थोड़ी-सी गुणवत्ता है
- डी- जिसमें कोई गुणवत्ता नहीं दिख रही

मैंने इस सारे वर्गीकरण को अच्छी तरह पढ़ा। यह सब बहुत ही आसान लगा। अब मुझे बैलेंस शीट्स और इन्कम अकाऊंट्स का विश्लेषण करने की कोई ज़रूरत नहीं थी। यहँ मेरे लिए सब कुछ लिखा हुआ था। मुझे केवल तुलना करनी थी : बी से ए अच्छा है, डी से सी अच्छा है।

इस नए तरीके में मैं प्रसन्न और डूबा हुआ था। मुझे इसमें विज्ञान जैसा आकर्षण लग रहा था। अब मैं हड़बड़ाने और व्यग्र करने वाली अफवाहों के हाथ का खिलौना नहीं था। अब मैं एक शांत, अलिप्त निवेशक बन रहा था।

मुझे पक्का विश्वास था कि मैं अपने भविष्य की नींव रख रहा हूँ। मैं आत्मविश्वासी और प्रतियोगी बन गया था। अब मैं किसी की नहीं सुनता था, न ही किसी से सलाह माँगता था। मुझे समझ आ गया था कि मैंने पहले जो भी किया वह मेरे कैनेडियन सट्टेबाज़ी दौर की तरह ही खुशियों पर चोट करने वाला था। मुझे लगने लगा कि अब मुझे सफलता पाने के लिए अपने स्वयं के तुलनात्मक चार्ट बनाने होंगे और मैंने कई घंटों की गंभीर और महत्वपूर्ण मेहनत के बाद यह काम कर लिया।

अध्याय : तीन

मेरी पहली मुसीबत

अपने अध्ययन से मुझे मालूम हो गया था कि स्टॉक्स जिस उद्योग का प्रतिनिधित्व करते हैं उसके अनुसार पशुओं के झुण्ड की तरह एक समूह-सा बना लेते हैं। ये समान उद्योग वाले स्टॉक्स मार्केट में एक साथ चढ़ने-उतरने की प्रवृत्ति रखते हैं।

मुझे यही तार्किक लगा कि मुझे बुनियादी विश्लेषण से निम्नलिखित बातें पता करने की कोशिश करनी चाहिए :

(अ) सबसे मज़बूत उद्योग समूह

(ब) उस उद्योग समूह में सबसे ताकतवर कंपनी

इसके बाद मुझे उस कंपनी का स्टॉक खरीद कर उस पर टिके रहना चाहिए, क्योंकि ऐसा आदर्श स्टॉक ज़रूर बढ़ता है।

मैंने स्टॉक्स के व्यक्तित्व का अध्ययन उनके उद्योग समूह से संबंध को देखते हुए करना शुरू कर दिया। जब मैंने जनरल मोटर्स के कोटेशन को देखा, तो मुझे क्रिसलर, स्टूडबेकर और अमेरिकन मोटर्स के मूल्य भी समझ में आ गए। यदि मैंने कैसर एल्यूमीनियम को देखा तो मेरी निगाहें अपने आप रेनॉल्ड्स मेटल, एल्कोआ और एल्यूमीनियम लिमिटेड पर गईं। स्टॉक टेबल्स को ए...बी...सी के क्रम के बजाय मैं हमेशा उनके उद्योग समूहों से उन्हें देखने लगा।

जब भी कोई स्टॉक मार्केट से बेहतर करता हुआ दिखा तो मैंने तुरंत ही उसी उद्योग समूह के उसके दूसरे भाई-बन्धुओं को देखना शुरू कर दिया। जब मैंने देखा कि उसके भाई-बंधु भी अच्छी चाल चल रहे हैं, तो मैंने उस परिवार (यानी उद्योग समूह) के मुखिया को देखा-जो कि

सबसे अच्छा चल रहा था–नेतृत्वकर्ता था। मैंने इस बात को पहचान लिया कि यदि मैं नेतृत्वकर्ता या लीडर स्टॉक से धन नहीं कमा पाता, तो मैं अन्य से भी धन नहीं कमा पाऊँगा।

यह सब करते हुए मैं कितना महत्वपूर्ण और उत्साहित महसूस कर रहा था। इस गंभीर, वैज्ञानिक पहुँच से मुझे लगने लगा जैसे मैं वित्त में जल्दी ही स्नातक होने वाला विशेषज्ञ हूँ। इसके अलावा, ऐसा भी लग रहा था कि यह केवल सिद्धांतों से ज़्यादा कुछ है। मैं इन सबको प्रयोग में लाकर बहुत कमाने वाला था।

मैंने तेल, मोटर, एयरक्राफ्ट और स्टील जैसे उद्योग समूहों की आय को संकलित करना शुरू किया। मैंने उनकी वर्तमान आय और अतीत की आय की तुलना की। फिर मैंने उनकी और दूसरे उद्योग समूहों की आय की तुलना की। मैंने सावधानी से उनके लाभ–मार्जिन, प्राइज़-अर्निंग रेशियो और कैपिटलाइज़ेशन का मूल्यांकन किया।

आखिरकार गहन जाँच–पड़ताल करने और दिमाग़ लगाने के बाद मैंने निर्णय लिया कि स्टील उद्योग ही वह गाड़ी है जो मुझे अमीर बना सकती है।

यह निर्णय लेने के बाद मैंने उद्योग की बारीकियों को देखा। एक बार फिर से मैंने अपने वर्गीकरण को खंगालना शुरू कर दिया।

मैं सुरक्षित खेलने को दृढ़ था, इसलिए मैंने खरीदने के लिए ऐसे स्टॉक खोजे जो 'ए' वर्ग में आते थे और अच्छा डिवीडेंड देते थे। लेकिन मुझे आश्चर्य हुआ। जैसे–मैं इसमें उतरता गया, मैंने देखा कि 'ए' रेटिंग दुर्लभ की और कुछ खास स्टॉक्स को ही दी गई थी। ये स्टॉक अपेक्षाकृत स्थायी थे और कभी–कभी ही बढ़ते थे। स्पष्ट रूप से ये मेरे लिए नहीं थे। मैंने 'बी' वर्ग की तरफ देखने का निर्णय लिया। इसके स्टॉक ठीक भी थे और संख्या में भी काफी थे। मैंने उनमें से पाँच सबसे अच्छे स्टॉक पसंद किए और उनकी आपस में तुलना करने लगा। मैं विस्तार से यह सब करने लगा। मैंने अपना तुलना चार्ट इस तरह से बनाया :

कंपनी	रेटिंग	मूल्य जून 1955 के अंक तक	मूल्य आय अनुपात	प्रति शेयर लाभ 1952	1953	1954	अनुमानित आय	डिवीडेंड
बेथलेहम स्टील	बीबी	142⅜	7.9	8.80	13.30	13.18	18.00	7.25
इनलैण्ड स्टील	बीबी	79⅜	8.3	4.85	6.90	7.92	9.50	4.25
यू.एस. स्टील	बीबी	54⅜	8.4	2.27	3.78	3.23	6.50	2.15
जोन्स एण्ड लॉलिन	बीबी	41½	5.4	2.91	4.77	3.80	7.75	2.25
रिपब्लिक स्टील	बीबी	47¼	8.5	3.61	4.63	3.55	5.50	2.50

जैसे ही मैंने अपने टेबल को देखा, मेरे अंदर उत्साह की एक लहर दौड़ गई। मेरा टेबल स्केल के प्वॉइंटर की तरह स्पष्ट रूप से एक स्टॉक की तरफ इशारा कर रहा था। 'जोन्स एण्ड लॉलिन' की तरफ। मैं समझ नहीं पाया कि आखिर किसी ने इस तरफ ध्यान क्यों नहीं दिया। उसके बारे में सब कुछ बिल्कुल सटीक था।

- यह एक मज़बूत उद्योग समूह का भाग था।
- उसकी अच्छी 'बी' रेटिंग थी।
- यह लगभग 6 प्रतिशत डिवीडेंट देता था।

इस समूह के सभी स्टॉक्स से इसका प्राइज़ अर्निंग रेशियो बेहतर था। मेरे अंदर बहुत उत्साह आ गया। बिना किसी शक के यह सुनहरी चाबी थी। मुझे ऐसा लगा जैसे सौभाग्य के रूप में मेरे हाथ कोई फल आ गया है। यह एक ऐसा स्टीक स्टॉक था जो मुझे धनी बना सकता था। यह तो ब्राइलंड की तरह ही नए और बड़े रूप में सुनहरी वैज्ञानिक निश्चितता थी। अब किसी भी क्षण इसमें 20 से 30 बिन्दुओं की बढ़त पक्की थी।

मुझे केवल एक बात की चिंता थी कि दूसरों की पहुँच से पहले मुझे इसे बड़ी संख्या में खरीद लेना था अपने विस्तृत अध्ययन के बाद मैं अपने निर्णय के प्रति इतना विश्वस्त था कि मैंने हर संभव तरीके से पैसा इकट्ठा करने का निर्णय ले लिया।

लॉस वेगास में मेरी कुछ संपत्ति थी जिसे मैंने डांस के कई सालों

के काम के बाद खरीदा था, मैंने उसे गिरवी रख दिया। मेरी जीवन बीमा पॉलिसी थी, जिस पर मैंने लोन ले लिया। न्यूयॉर्क के लैटिन क्वार्टर' से मेरा लंबे समय के लिए अनुबंध था। उनसे मैंने 'एडवांस' ले लिया।

मैं एक क्षण भी नहीं झिझका। मुझे कोई संदेह नहीं था। मेरी नितांत वैज्ञानिक और सावधानी भरी खोज़ों के अनुसार कुछ भी गलत नहीं हो सकता था।

23 सितंबर, 1955 को मैंने जोन्स एण्ड लॉलिन के 1000 शेयर $52\frac{1}{4}$ के हिसाब से मार्जिन पर खरीदे, जो उस समय 70 प्रतिशत थी। उनकी कीमत 52,652.30 डॉलर थी और मुझे मुद्रा में 36,856.61 डॉलर देने थे। इस रकम को जुटाने के लिए मुझे अपनी सारी संपत्ति को गारंटी के तौर पर रखना पड़ा।

यह सब मैंने बहुत ही आत्मविश्वास के साथ किया था। अब बस मुझे बैठकर इंतज़ार करना था अपने फूल-प्रूफ सिद्धांत के मीठे फलों के मिलने का।

26 दिसंबर को बिजली गिरी। जोन्स और लॉलिन नीचे गिरने लगा।

मुझे विश्वास नहीं हुआ। यह कैसे हो सकता था? यह तो नया ब्राइलण्ड था। यह तो मेरा भाग्य बनाने वाला था। यह कोई जुआ नहीं था, बल्कि यह तो कभी गलत न होने वाले आँकड़ों पर आधारित पूर्णतः अलग कदम था, लेकिन फिर भी स्टॉक गिरता ही जा रहा था।

मैं उसे गिरता देख रहा था, फिर भी वास्तविकता को स्वीकार नहीं कर पा रहा था। ऐसा लगता था जैसे मुझे लकवा मार गया हो। मुझे कुछ नहीं पता था कि क्या करना चाहिए। क्या मुझे इसे बेच देना चाहिए? मैं यह कैसे कर सकता हूँ? मेरे थका देने वाले अध्ययन से यही दिखाई दे रहा था कि जोन्स एण्ड लॉलिन का प्रत्येक शेयर कम से कम 75 डॉलर का हो जाना चाहिए। मैंने अपने आपसे कहा कि यह थोड़े समय की गिरावट है। गिरावट का कोई कारण नहीं है। यह एक अच्छा मज़बूत स्टॉक है। यह वापस बढ़ेगा। मुझे इसे रखना चाहिए और मैं उसे रखे रहा।

दिन बीतते गए और उसके भाव देखने में भी मुझे डर लगने लगा।

अपने ब्रोकर को फोन करते हुए मैं डरता था। अपने अखबार को खोलते हुए भी मुझे डर लगता था।

जब तीन प्वॉइंट गिरने के बाद यह स्टॉक आधा प्वॉइंट चढ़ा, तो मेरी उम्मीदें भी बढ़ने लगीं। मैंने अपने आपसे कहा कि अब सुधार की उम्मीद है। कुछ समय के लिए मेरा भय शांत हो गया। अगले दिन स्टॉक फिर से गिरावट की तरफ चला गया। 10 अक्टूबर को जब यह 44 पर आ गया, तो मैं एक अनजाने भय से घिर गया। अब यह और कितना गिरेगा? मुझे क्या करना चाहिए? मेरी लकवाग्रस्त स्थिति भयग्रस्त हो गई। इस स्टॉक के हर प्वॉइंट गिरने के साथ मुझे 1000 डॉलर का नुकसान होगा। मेरी सहनशक्ति की अति हो गई थी। मैंने इसे बेचने का निर्णय लिया और मेरा खाता घटकर 43,583.12 डॉलर रह गया। मुझे कुल 9,069.18 डॉलर का नुकसान हुआ।

मैं पूरी तरह कुचला हुआ और बरबाद था। वैज्ञानिक वॉल स्ट्रीट ऑपरेटर बनने की आत्म-संतुष्टि वाले मेरे विचार बिखर गए थे। मुझे लगा कि किसी बड़े भालू ने मुझे ठीक उसी समय यूँ नोंच-खसोट दिया है, जब मैं उसे मारने वाला था। सारा विज्ञान कहाँ गया? मेरी सारी खोजों का क्या हुआ? मेरे सारे आँकड़ों का क्या हुआ?

इस तरह की टूटन के असर को झेलना किसी के लिए भी मुश्किल हो सकता है। अगर मैं अंधाधुंध खेलने वाला जुआरी होता तो मैं अपनी ऐसी स्थिति को स्वीकार कर सकता था, लेकिन वैसा नहीं बनने के लिए मैंने पूरी कोशिश की थी। मैंने लंबे समय तक कड़ी मेहनत की थी। मैंने गलतियाँ न करने की हर संभव कोशिश की थी। मैंने खोज, विश्लेषण और तुलना की थी। मैंने सबसे ज़्यादा विश्वसनीय और बुनियादी सूचना पर अपने निर्णय लेने की कोशिश की थी। फिर भी इसका परिणाम यही हुआ कि मैं 9,000 डॉलर से नीचे आ गया था।

जब मुझे लगने लगा कि शायद मुझे अपनी लॉस वेगास की संपत्ति से हाथ धोना पड़े, तब मैं गहरी निराशा से भर गया। दिवालिया होने का आतंक मेरे चेहरे पर उभर आया। ब्राइलण्ड की मेरी पहली सफलता

और इस कृपालु बुल मार्केट से अर्जित किया हुआ मेरा आत्म-विश्वास खत्म हो गया था। सब कुछ गलत साबित हो गया था। जुआ खेलना, सूचनाएँ, जानकारियाँ, खोज़, शोध जैसे जो भी तरीके मैंने स्टॉक मार्केट में सफल होने के लिए अपनाए, कुछ भी काम नहीं आए। मैं बिल्कुल निराश था। मुझे कुछ नहीं पता था कि क्या करना चाहिए। मुझे लगने लगा कि मैं आगे नहीं चल पाऊँगा।

फिर भी मुझे आगे चलना ही था, क्योंकि मुझे अपनी संपत्ति बचानी थी। मुझे अपने नुकसान की भरपाई के लिए कोई रास्ता तो खोजना ही था।

मैं कोई रास्ता ढूँढ़ने के लिए हर दिन घंटों तक स्टाक्स के टेबल्स का अध्ययन करता रहता था। जेल में बंद एक अपराधी की तरह मैं सारे एक्टिव स्टॉक्स को देखता रहता था कि शायद किसी से कोई रास्ता बाहर की तरफ निकले।

आखिरकार मेरी नज़रों को कुछ दिखाई दिया। यह टैक्सास गल्फ प्रॉड्यूसिंग नामक स्टॉक था, जिसके बारे में मैंने कभी नहीं सुना था। यह बढ़ता हुआ दिखाई दे रहा था। मुझे इसकी बुनियादी प्रवृत्तियों के बारे में कुछ पता नहीं था और कोई अफवाह भी नहीं सुनी थी। मुझे सिर्फ यही पता था कि यह दिन-ब-दिन दृढ़ता के साथ बढ़ रहा है। क्या यह मेरे लिए मोक्ष साबित होगा? मुझे नहीं मालूम था, लेकिन मुझे कोशिश तो करनी थी। उम्मीद कम और निराशा से ज़्यादा भरे हुए मैंने अपने नुकसान की भरपाई करने के लिए एक आखिरी दाँव चलने के लिए 1,000 शेयर खरीदने का ऑर्डर दे दिया। इसका मूल्य 37⅛ और 37½ के बीच में था। इसकी कुल कीमत 37,586.26 डॉलर थी।

मैं साँस थामे हुए, बेचैन होकर इसकी लगातार बढ़त को देख रहा था। जब इसने 40 को छुआ तो मुझे इसे बेचने की ज़बर्दस्त इच्छा होने लगी, लेकिन मैं रुका रहा। अपने स्टॉक मार्केट के कॅरियर में पहली बार मैं जल्दी लाभ लेने से इंकार कर रहा था। मैं इसकी हिम्मत नहीं कर पा रहा था क्योंकि मुझे 9,000 डॉलर के नुकसान की भरपाई करनी थी।

मैं अपने ब्रोकर को हर घंटे, कभी-कभी तो पन्द्रह मिनट में फोन

करता रहा, मैं अपने स्टॉक के साथ जी रहा था। मैं उसकी हर चाल, हर हलचल का पीछा कर रहा था। मैं उस पर ऐसी निगरानी रखे था, जैसे कोई नवजात शिशु की करता है।

हर समय तनाव से जूझते हुए मैंने उसे पाँच सप्ताह तक रखा। फिर एक दिन, जब यह $43\frac{1}{4}$ पर था मैंने अपने भाग्य को अधिक आज़माने का विचार छोड़ दिया। मैंने उसे बेच दिया और 42,840.43 डॉलर प्राप्त किए। मुझे मेरे 9,000 डॉलर तो वापस नहीं मिले, लेकिन मैंने आधे से ज़्यादा की भरपाई कर ली थी।

जब मैंने टैक्सास गल्फ प्रोड्यूसिंग को बेच दिया, मुझे लगा कि मैं अपनी इस विषम स्थिति से एक लंबी बीमारी के बाद निकला हूँ। मैं टूटा हुआ, खाली और खत्म हो चुका था। फिर भी कुछ ऐसा था जो अपनी चमक दिखा रहा था। यह एक प्रश्न के रूप में मेरे सामने आ रहा था।

कंपनी रिपोर्ट्स का आकलन, उद्योगों की स्थिति का अध्ययन, वर्गीकरण या प्राइज़ अर्निंग रेशियो को जाँचने-परखने का क्या मतलब निकला? जिस स्टॉक ने मुझे घोर संकट से बचाया उसके बारे में मैं कुछ नहीं जानता था। मैंने इसे सिर्फ एक कारण से चुना क्योंकि यह लगातार बढ़ रहा था।

क्या यही मेरे प्रश्न का उत्तर था? शायद हाँ। जोन्स एण्ड लॉलिन के साथ बीते बुरे वक्त के अनुभव का अपना महत्व था? वह व्यर्थ नहीं गया था। यह मुझे मेरे सिद्धांत के लिए एक धुंधला रास्ता दिखा रहा था।

टेक्नीशियन

अध्याय : चार

बॉक्स सिद्धांत की उत्पत्ति

जोन्स एण्ड लॉलिन के भयानक और टैक्सास गल्फ प्रोड्यूसिंग के सुखद अनुभव के बाद मैं अपनी स्थिति पर विचार करने बैठा। मार्केट से इतनी मार पड़ने के बाद अब मैं स्टॉक मार्केट को उस रहस्यमयी मशीन की तरह नहीं देख सकता था, जिससे मैं एक गुल्लक में से जैकपॉट निकालने की तरह, सौभाग्यशाली होने पर, अपने सौभाग्य को निकाल सकूँ। मुझे महसूस हो रहा था कि यद्यपि ज़िदगी के हर क्षेत्र में लक काम कर जाता है, फिर भी मैं भाग्य पर निर्भर होकर काम नहीं कर सकता। मैं एक या दो बार भाग्य से कमा सकता हूँ, लेकिन हर बार ऐसा हो यह ज़रूरी नहीं।

यह मेरे लिए नहीं है। मुझे ज्ञान पर ही भरोसा करना होगा। मुझे मार्केट में काम करना सीखना होगा। क्या मैं नियम जाने बिना ताश के खेल में या शतरंज की तरह अपने विरोधी की चालों का जवाब देना सीखे बगैर जीत हासिल कर सकता हूँ? इसी तरह से ट्रेड करना सीखे बिना मैं मार्केट में कैसे सफल हो सकता हूँ। मैं धन के लिए खेल रहा था और मार्केट का यह खेल वहाँ के पैने विशेषज्ञों के खिलाफ खेलना था। इस खेल के तौर-तरीके सीखे बिना मैं यह खेल न तो खेल सकता था और न ही जीत की उम्मीद कर सकता था।

मैंने शुरुआत कर दी। पहले मैंने अपने पूर्व के अनुभवों को देखा। एक तरफ बुनियादी तरीकों के इस्तेमाल पर मैं गलत था, तो दूसरी तरफ तकनीकी तरीकों में मैं सही था। सबसे अच्छा तरीका तो उसी सफल तरीके को दोहराना था, जिसे मैंने टैक्सास गल्फ प्रोड्यूसिंग के लिए इस्तेमाल

किया था।

यह बहुत आसान नहीं था। उसी तरह के किसी दूसरे स्टॉक की तलाश में मैं हर शाम घंटों अपने स्टॉक टेबल्स के साथ बैठा रहता था। फिर एक दिन मैंने 'एम एण्ड एम वुड वर्किंग' नामक स्टॉक देखा। कोई भी वित्तीय सूचना सेवाएं मुझे इस स्टॉक के बारे में ज़्यादा कुछ नहीं बता पा रही थी। मेरे ब्रोकर ने भी इसके बारे में कुछ नहीं सुना था। फिर भी मुझे इसके लिए एक धुन-सी सवार हो गई थी क्योंकि इसकी प्रतिदिन की चाल टैक्सास गल्फ प्रोड्यूसिंग की याद दिलाती थी। मैंने इस स्टॉक पर ध्यान रखना शुरू कर दिया।

दिसंबर, 1955 में यह स्टॉक बढ़कर साल के अंत तक 15 से $23\frac{5}{8}$ हो गया। पाँच सप्ताह तक शांत रहने के बाद इसका ट्रेडिंग वॉल्यूम बढ़ा और इसकी कीमत बढ़नी शुरू हो गई। मैंने $26\frac{5}{8}$ के भाव पर 500 शेयर खरीदने का निर्णय लिया। यह शेयर बढ़ने लगा और मैं इसकी चाल को गौर से देखते हुए इसे रखे रहा। यह लगातार बढ़ता रहा और इसकी ट्रेडिंग का वॉल्यूम लगातार उठता गया। जब यह 33 पर आ गया तो मैंने इसे बेच दिया और मुझे 2,866.62 डॉलर का लाभ हुआ।

मैं बहुत खुश और उत्साहित था। केवल पैसे के लिए नहीं बल्कि इसलिए क्योंकि जिस तरह मैंने टैक्सास गल्फ प्रोड्यूसिंग को केवल उसके मार्केट में एक्शन की वजह से खरीदा था, उसी तरह से मैंने एम एण्ड एम वर्किंग को भी खरीदा। मैं इसके बारे में कुछ नहीं जानता था और न ही ज़्यादा कुछ पता कर पाया था। फिर भी इसके लगातार बढ़ने और उच्च वॉल्यूम से मैं यह मानकर चल रहा था कि कुछ लोगों को इस स्टॉक के बारे में मुझसे ज़्यादा जानकारी होगी।

यह सही सिद्ध हुआ। जब मैंने इसे बेच दिया, तब मुझे अखबारों से पता लगा कि इसके लगातार बढ़ने का कारण कोई समन्वय था, जो कि गोपनीय रूप से किया जा रहा था। इस बात का भी खुलासा हुआ कि दूसरी कंपनी ने एम एण्ड एम वुड वर्किंग को 35 डॉलर प्रति शेयर पर खरीदना मंजूर कर लिया था। इससे यह भी समझ आया कि यद्यपि मैं

इस गुप्त समझौते से पूरी तरह अनभिज्ञ था, फिर भी मैंने यह शेयर इस उच्चतम मूल्य से सिर्फ दो पॉइंट कम में ही बेचा है। मैं बहुत खुश था कि केवल स्टॉक के व्यवहार को देखते हुए जो खरीद मैंने की उसने मुझे ऐसे प्रस्तावित समन्वय से लाभ दिलवा दिया जिसके बारे में मुझे कुछ पता नहीं था। मैं एक भीतरी व्यक्ति न होते हुए भी हो गया था।

इस अनुभव से मुझे यह स्पष्ट हो गया कि मार्केट के प्रति मेरी पूर्णतः तकनीकी पहुँच सही है। इसका मतलब यह है कि यदि मैं सारे पक्षों को छोड़कर प्राइस एक्शन और वॉल्यूम के बारे में पढ़ता रहूँ, तो मुझे सकारात्मक परिणाम मिलेंगे।

अब मैं इस दृष्टिकोण से काम करने की कोशिश करने लगा। अब मैं मूल्य और वॉल्यूम के सूक्ष्म अध्ययन पर ध्यान लगाने लगा और टिप्स या बुनियादी सूचनाओं से जुड़ी सभी अफवाहों को नज़रअंदज़ करने लगा। मैंने सोच लिया कि अब मुझे किसी स्टॉक के बढ़ने का कारण जानने से कोई मतलब नहीं रखना है। मैंने यह देखा कि यदि किसी कंपनी के जीवन में उसकी बेहतरी के लिए कोई बुनियादी परिवर्तन होता है, तो यह तुरंत ही उसके स्टॉक के मूल्य और वॉल्यूम में बढ़त दिखाता है, क्योंकि बहुत से लोग इसे खरीदने के इच्छुक रहते हैं। अगर मैं स्टॉक के ऊपर बढ़ने वाले परिवर्तन को शुरुआती दौर में ही पकड़ने के लिए अपनी आँखों को अभ्यस्त कर लूँ, जैसा कि मैंने एम एण्ड एम वुड वर्किंग के केस में किया था, तो मैं स्टॉक के बढ़ने का कारण जाने बिना ही उसकी बढ़त में शामिल हो सकता हूँ।

समस्या यह थी : इस परिवर्तन का पता कैसे लगाया जाए? काफी सोच-विचार के बाद मुझे एक मापदण्ड समझ में आया- वह यह कि स्टॉक्स की तुलना लोगों से की जाए।

इसे मैंने इस तरह देखना शुरू किया : अगर कोई मनमोहक सुंदरी टेबल पर उछलकर चढ़ जाए और एक उत्तेजक नृत्य करे, तो कोई भी हैरान नहीं होगा। यह तो उसका चरित्रगत व्यवहार होगा और लोगों ने उससे ऐसी ही उम्मीद रखी होगी, परंतु अगर कोई प्रतिष्ठित प्रौढ़ स्त्री इसी

प्रकार की हरकत करे तो यह अस्वाभाविक होगा और लोग तुरंत ही कह उठेंगे, "यहाँ कुछ अजीब हो रहा है- कुछ तो हो गया है।"

इसी तरह से मैंने निश्चय कर लिया कि अगर एक सामान्यत: निष्क्रिय रहने वाला स्टॉक अचानक सक्रिय हो जाता है तो मैं इसे असाधारण मानूँगा और अगर यह मूल्य में भी बढ़ रहा है तो मैं इसे खरीद लूँगा। मैं ऐसा मानकर चलूँगा कि इस असाधारण चाल के पीछे कोई समूह है जिसके पास कोई अच्छी खबर है। इस स्टॉक को खरीदकर मैं उनका गुप्त साझीदार बन जाऊँगा।

मैंने इस तरीके को अपनाया। कभी सफल रहा, कभी नहीं। जो मैंने महसूस नहीं किया वह यह कि मेरी आँखें अभी पूरी तरह शिक्षित नहीं थीं। यथार्थ में, जब मैं आत्मविश्वास से भर गया कि मैं अपने सिद्धांत पर काम कर सकता हूँ, उसी वक्त मुझे झकझोरकर उठा दिया गया।

मई, 1956 में मैंने पिट्सबर्ग मेटालर्जिकल नामक स्टॉक पर जो कि उस समय 67 पर चल रहा था। यह तेज़ी से चलने वाला प्रगतिशील स्टॉक था और मैंने सोचा कि यह तेज़ी से ऊपर जाएगा। जब मैंने उसकी बढ़ती हुई गतिविधि को देखा, तो 13,483.40 डॉलर के कुल मूल्य पर 200 शेयर खरीद लिए।

मैं अपने फैसले के प्रति इतना आश्वस्त था कि मैंने सारी सतर्कता को दरकिनार कर दिया। जब यह स्टॉक मेरी अपेक्षा के विपरीत कमज़ोर पड़ने लगा, तो मैंने सोचा कि यह एक छोटे से रिएक्शन जैसा है। मुझे पक्का विश्वास था कि हल्की गिरावट के बाद यह काफी बढ़ने वाला है। स्थिति में परिवर्तन तो ज़रूर हुआ, लेकिन गलत दिशा में। दस दिन के बाद पिट्सबर्ग मैटालर्जिकल $57\frac{3}{4}$ पर आ गया। मैंने इसे बेच दिया। मुझे कुल 2,023.32 डॉलर का नुकसान हुआ।

कुछ तो गलत हो रहा था। सभी स्थितियाँ स्पष्ट रूप से बता रही थीं कि उस समय मार्केट में यह स्टॉक सबसे बढ़िया है और फिर भी जैसे ही मैंने इसे खरीदा वैसे ही यह गिर गया। सबसे ज़्यादा भ्रम तोड़ने वाली बात यह थी कि जैसे ही मैंने इसे बेचा वह ऊपर चढ़ने लगा।

किसी स्पष्टीकरण को खोज़ने की कोशिश में मैं स्टॉक के मूवमेंट की खोजबीन कर रहा था और मैंने यह पाया कि मैंने उसे 18 पॉइंट उच्च बिन्दु पर खरीदा था। उस समय के हिसाब से यह स्टॉक का सर्वोच्च बिन्दु था। उस समय के हिसाब से यह स्टॉक उसी बिन्दु तक आ सकता था और उसी बिन्दु पर जब मैंने पैसा लगाया, तो वह गिरना शुरू हो गया। यह इस बात का गवाह था कि मैंने एक सही स्टॉक गलत समय पर खरीदा था।

पीछे देखने पर मुझे सब स्पष्ट रूप से समझ आ गया। मैं समझ सकता था कि स्टॉक ने उस समय, मतलब बाद में ऐसा व्यवहार क्यों किया। अब प्रश्न यह था कि किसी स्टॉक के मूवमेंट को सही समय पर कैसे पकड़ा जाए?

यह एक सरल और स्पष्ट समस्या थी, लेकिन व्यापक रूप में यह कठिन थी। मुझे पहले ही पता था कि बुक सिस्टम कोई मदद नहीं कर सकता, बैलेंस शीट्स बेकार हैं, सूचनाएँ शंकित करने वाली और गलत हैं।

तिनके के सहारे मैंने अलग-अलग शेयर्स के मूवमेंट का गहराई से अध्ययन करने का निर्णय लिया। वे कैसा व्यवहार करते हैं? उनके व्यवहार की प्रकृति कैसी है? क्या इनके उतार-चढ़ाव का कोई खास साँचा है?

मैंने पुस्तकें पढ़ीं, मैंने स्टॉक टेबल्स को देखा, मैंने हज़ारों चार्ट्स का अवलोकन किया। जैसे-जैसे मैं उन्हें पढ़ता गया मुझे स्टॉक्स के मूवमेंट के बारे में ऐसी बातें समझ में आईं, जो मैंने पहले नहीं देखी थीं। मैंने महसूस किया कि स्टॉक मूवमेंट पूरी तरह से अव्यवस्थित नहीं है। गुब्बारों की तरह स्टॉक किसी भी दिशा में नहीं उड़ते। उनकी ऊपर या नीचे जाने की प्रवृत्ति चुंबक के आकर्षण की तरह स्पष्ट होती है, जो एक बार बन जाने के बाद उसी को जारी रखती है। इस प्रवृत्ति में स्टॉक एक ढाँचे- या जिसे मैंने कहना शुरू कर दिया 'बॉक्सेस' में चलते हैं,।

ये लगातार उच्च और निम्न बिन्दु के बीच में झूलते रहते थे। दायरा जिसमें ये उच्च और निम्न बिन्दु में घूमते रहते थे, उसी बॉक्स या

फ्रेम का प्रतिनिधित्व ये बॉक्सेस अब मेरे लिए करते थे। ये बॉक्सेस साफ तौर पर मेरे लिए मायने रखने लगे थे।

यह मेरे बॉक्स सिद्धांत की शुरुआत थी जिससे किस्मत के दरवाज़े खुले।

मैंने इस तरह से अपने सिद्धांत पर काम करना शुरू किया : जब मेरी रुचि वाले स्टॉक के बॉक्स, पिरामिड की तरह एक-दूसरे के ऊपर रहते थे और मेरा स्टॉक सबसे ऊँचे बॉक्स में होता था, मैं उस पर निगरानी रखने लगता था। वह बॉक्स की ऊँचाई और तल के बीच ऊछल-कूद कर सकता था और मैं पूरी तरह संतुष्ट था। जब मैंने एक बार बॉक्स के आयाम निश्चित कर दिए तब स्टॉक उस फ्रेम के अंदर जो चाहे कर सकता था, बल्कि जब वह बॉक्स के अंदर ऊपर-नीचे नहीं होता था तब मुझे चिंता होती थी।

न कोई ऊछल-कूद, न कोई हलचल। इसका मतलब था कि वह स्टॉक सजीव नहीं है। अगर यह स्टॉक सजीव नहीं है, तो मेरी इसमें रुचि नहीं है, क्योंकि इसका मतलब था कि यह शायद शक्तिशाली रूप में नहीं बढ़ेगा।

45/50 के बॉक्स के अंदर के एक स्टॉक को ले लीजिए। यह उन आँकड़ों के बीच में जितनी चाहे अपनी ऊछल-कूद कर सकता था और तब भी मैं इसे खरीदने के बारे में सोच सकता था। अगर किसी भी तरह यह $44\frac{1}{2}$ तक गिर जाए तो मैं इसे खारिज कर देता था।

क्यों? क्योंकि 45 के नीचे जाने का मतलब था कि यह निचले बॉक्स में जा रहा है और वह पूरी तरह गलत था- मैं इसे तभी चाहता था अगर यह ऊपर के बॉक्स की तरफ बढ़ रहा हो।

मैंने पाया कि कुछ स्टॉक्स एक ही बॉक्स में कुछ सप्ताह के लिए ठहरे रहते थे। मैं इस बात की परवाह नहीं करता था कि वह एक ही बॉक्स में कितने भी लंबे समय तक रुके रहें- बशर्ते कि वे निचले ढाँचे से नीचे न गिरने लगें।

जैसे मैंने देखा कि जब एक स्टॉक 45/50 के बॉक्स में था, तो ऐसे

पढ़ा जा सकता था :

45 – 47 – 49 – 50 – 45 – 47

इसका मतलब था कि 50 के ऊपरी बिंदु को छूने के बाद यह 45 तक नीचे जा सकता है और फिर रोज़ 46 या 47 पर बंद होता है। इससे मैं बहुत खुश था। यह अभी भी बॉक्स के अंदर ही था, किन्तु मैं जिस मूवमेंट को देखने के लिए लगातार नज़र रखे था वह झटके के साथ ऊपर जाकर अगले बॉक्स में जाने की तरफ था। यदि यह होता तो मैं स्टॉक खरीद लेता था।

यह कैसे होता है? इसके लिए कोई बँधा हुआ नियम नहीं था। इसे सिर्फ ध्यान से देखने और तुरंत प्रतिक्रिया करने की ज़रूरत थी। कुछ उड़ने वाले, उत्सुक स्टॉक कुछ ही घंटों में दूसरे बॉक्स में चले जाते थे। कुछ को कई दिन लग जाते थे। अगर स्टॉक सही चलता रहता था तो 45/50 के बॉक्स से अगले ऊपरी बॉक्स में धक्के के साथ आगे बढ़ जाता था। इसके बाद इसका मूवमेंट इस तरह का होता था :

48 – 52 – 50 – 55 – 51 – 50 – 53 – 52

स्पष्ट रूप से यह अब अगले बॉक्स 50/55 में स्थान बना रहा था।

इस बारे में मुझे गलत मत समझिए। ये केवल उदाहरण हैं। मुझे तो बॉक्स की एक सिरे से दूसरे सिरे की दूरी का निर्णय लेना होता था। विभिन्न स्टॉक्स के साथ यह अलग-अलग थी। जैसे कुछ स्टॉक दोनों तरफ सिर्फ 10 प्रतिशत के एक छोटे फ्रेम में चलते थे। दूसरे दूर-दूर तक आगे-पीछे घूमने वाले स्टॉक 15 प्रतिशत और 20 प्रतिशत के फ्रेम के बीच में चलते थे। सही फ्रेम को स्पष्ट करना ही मुश्किल कार्य था। और यह निश्चित करना भी कि स्टॉक बॉक्स के निचले सिरे से और नीचे न जाए। अगर वह नीचे जाता था, तो मैं उसे तुरंत बेच देता था क्योंकि वह सही नहीं चल रहा होता था।

जब तक वह अपने बॉक्स में रुकता था, मैं उसके 55 से 50 तक के रिएक्शन को सामान्य मानता था। मेरे लिए इसका मतलब यह नहीं था कि स्टॉक वापस गिरने वाला है, बल्कि ठीक इसका उल्टा था।

हवा में उछलने से पहले एक डांसर अपने शरीर को थोड़ा सिकोड़ता है ताकि स्प्रिंग जैसा प्रभाव पैदा किया जा सके। मैंने देखा कि स्टॉक्स के साथ भी ऐसा ही है। ये सामान्यत: एकदम से 50 से 70 तक ऊँचे नहीं उठते हैं। दूसरे शब्दों में मैंने यह मान लिया कि बढ़ता हुआ एक स्टॉक, जो 50 पर जाने के बाद 45 पर आ गया है, उस डांसर की तरह ही है, जो उछलने से पहले कुछ झुककर बैठता है।

बाद में जब मुझे अधिक अनुभव हो गया, तो मैंने यह भी सीखा कि 50 के उच्च पॉइंट तक जाकर वापस 45 की स्थिति पर आने वाले स्टॉक का एक अन्य महत्वपूर्ण फायदा भी है। यह ऐसे कमज़ोर और भयभीत शेयर होल्डर्स को हिला देता है जो इस रिएक्शन को गिरावट मान लेते हैं। यह स्टॉक को तेज़ी से आगे बढ़ने में मदद करता है।

मैंने देखा कि जब एक स्टॉक निश्चित रूप से ऊपर की तरफ बढ़ने की प्रवृत्ति रखता है, तब उसके बढ़ने में एक अनुपात महसूस होता है। जब वह अपने सफर में बढ़ता हुआ मान लीजिए 50 से 70 कभी-कभी वापस गिरता है, तो यह उसकी सही लय का ही भाग है।

यह ऐसे गया होगा : 50–52–57–58–<u>60</u>–55–<u>52</u>–56

इसका मतलब यह | 52/60 | के बॉक्स में था। इसके बाद, ऊपर की ओर उछलते हुए यह ऐसे गया होगा :

58 – 61 – 66 – <u>70</u> – 66 – <u>63</u> – 66

इसका मतलब यह | 63/70 | के बॉक्स के अंदर रहा होगा। मैंने इस बारे में भी विचार किया कि यह अभी भी धीरे-धीरे ऊँचाई की तरफ बढ़ रहा था।

खरीदने का सही समय क्या होना चाहिए, यह मुख्य समस्या अभी भी बरकरार थी। तार्किक रूप से वह क्षण उसके नए उच्च बॉक्स के प्रवेश के समय था। यह देखने में बड़ा ही सरल लगता था, लेकिन 'लुइसियाना लैंड एण्ड एक्सप्लोरेशन' के केस में यह गलत साबित हो गया।

कई हफ्तों तक मैं इस स्टॉक के व्यवहार पर नज़र रखे रहा और

इसे पिरामिड बॉक्स के माध्यम से देखता रहा। जब इसके आखिरी बॉक्स का ऊपरी फ्रेम 59¾ था, तब मुझे लगा कि मैंने ठीक अनुमान लगाया है। मैंने ब्रोकर को कह दिया कि इसके 61 तक पहुँचने पर (जिसे मैंने इसके नए बॉक्स का रास्ता मान रखा था) मुझे फोन कर दे। उसने किया, लेकिन उस समय मैं अपने होटल के कमरे में नहीं था। उसे मुझ तक पहुँचने में दो घंटे लग गए। जब तक वह पहुँचा, तब तक स्टॉक 63 पर आ चुका था। मैं निराश हो गया था। मुझे लगा कि मैं एक बड़े सुअवसर से वंचित हो गया हूँ।

उसके इस तरह मेरे पास से 61 पर निकल जाने से मैं नाराज़ था और जब वह इतने कम समय में 63 पर चला गया तो मुझे निश्चित हो गया कि मैंने कोई बहुत अच्छी चीज़ खो दी है। उत्साह में मेरी सोचने-समझने की क्षमता खो गई थी। अपने उत्साह में मैं इस स्टॉक का कुछ भी मूल्य दे सकता था। मुझे बस केवल ऐसा स्टॉक चाहिए था जो मेरे हिसाब से बहुत अच्छे मूल्य का होने वाला था।

वह ऊपर चढ़ता गया 63½-64½-65। मैं सही था। मैंने इसे सही समझा था और चूक गया था। मैं और अधिक इंतज़ार नहीं कर सकता था। मैंने 65 के भाव पर 100 शेयर खरीद लिए। उसके नए बॉक्स के ऊपरी बिन्दु पर क्योंकि मैं निचले स्तर पर उसे छोड़ चुका था।

यद्यपि मैं अपनी पसंद और तरीके में सुधार करता जा रहा था। फिर भी मैं वॉल स्ट्रीट की कारीगरी में बच्चा ही था, इसलिए मैंने अपनी समस्या ब्रोकर के सामने रखी। हमने 61 पॉइंट वाली फोन कॉल के बारे में बातचीत की, जो कि दुर्भाग्यवश मुझे नहीं मिल पाई थी। उसने मुझे बताया कि खरीदने के लिए ऑर्डर पर मुझे ऑटोमैटिक ऑन स्टॉप लगा देना था। इसका मतलब है कि स्टॉक उस समय खरीद लिया गया होता जब वह 61 तक बढ़ा था। उसने मुझे सलाह दी कि जब भी मैं किसी स्टॉक के बारे में निर्णय लेता हूँ, मुझे उसे अपनी बताई हुई कीमतों के साथ 'बाए' (Buy) ऑर्डर में रख देना चाहिए। इसके बाद जैसे ही

मार्केट इस अंक पर पहुँचता है, आगे बिना किसी सलाह के यह स्टॉक मेरे लिए खरीद लिया जाएगा। मैं ऐसा करने को तैयार हो गया। मेरे विचार से जो सही समय था, उस पर ऑटोमैटिक खरीद की समस्या हल हो गई थी।

इस समय तक मेरी बॉक्स थ्योरी और उसे लागू करने के तरीके मेरे दिमाग में दृढ़ता से जम चुके थे और तीन मौकों पर लगातार मैंने सफलतापूर्वक इसका उपयोग किया।

मैंने 'एलीघेनी लडलम' स्टील खरीदा। जब यह मुझे 45/50 के बॉक्स में जाता हुआ लगा, मैंने $45\frac{3}{4}$ के हिसाब से 200 शेयर खरीद लिए और उन्हें तीन सप्ताह के बाद 51 के भाव पर बेच दिया।

मैंने 'ड्रेसर इंडस्ट्रीज़' के 300 शेयर तब खरीदे जब वे मुझे 84/92 के बॉक्स में प्रवेश करते हुए लगे। मैंने ये शेयर 84 पर खरीदे, लेकिन जब ये मुझे पूरे बॉक्स में अधिक प्रगति करते हुए नहीं दिखे तो मैंने इन्हें $86\frac{1}{2}$ के भाव पर बेच दिया।

फिर मैंने 'कूपर-बेसेमर' के 300 शेयर तब खरीदे जब वे 40-45 के निचले सिरे पर थे। मैंने ये $40\frac{3}{4}$ पर खरीदे और $45\frac{1}{8}$ पर बेच दिए।

इन तीनों ट्रांज़ेक्शन्स में मेरा लाभ 2,442.36 डॉलर रहा।

इससे मेरा आत्मविश्वास बहुत बढ़ गया, लेकिन फिर मेरे मुँह पर तमाचा पड़ा जिससे यह साबित हो गया कि मुझे एक से ज़्यादा थ्योरियों की ज़रूरत है। अगस्त में मैंने 'नार्थ अमेरिकन एविएशन' के 500 शेयर $94^{3/8}$ के भाव पर खरीदे क्योंकि मुझे पक्का यकीन था कि यह नए बॉक्स में 100 के ऊपर जाने वाला है, लेकिन वह नहीं गया। मैं उसे तभी बेच सकता था जब वह एक पॉइंट गिरा। लेकिन मैंने ऐसा नहीं किया और ज़िद में इसे रखे रहा। मेरे अहंकार की प्रतिष्ठा दाँव पर लगी हुई थी। मैं बस यही कहता रहा कि यह स्टॉक और नीचे नहीं गिर सकता है। मैंने बाद में जो सीखा वह पहले मुझे पता नहीं था कि मार्केट में 'संभव नहीं' जैसी कोई चीज़ नहीं है। कोई भी स्टॉक कुछ भी कर सकता है। अगले

सप्ताह के अंत तक पूर्व में किए हुए मेरे तीन सौदों का लाभ खत्म हो गया था। मैं वहीं पर आ गया था जहाँ से शुरू किया था।

जैसा मैं देख सकता हूँ, यह अनुभव मेरे स्टॉक मार्केट के कॅरिअर में महत्वपूर्ण मोड़ था।

यही वह बिन्दु था जब अंततः मुझे महसूस हुआ कि :

1. मार्केट में निश्चित जैसा कुछ भी नहीं है। आधे समय तो मैं गलत सिद्ध होने पर मज़बूर हो गया।
2. मुझे इस सच को स्वीकार करना पड़ेगा और उसी तरह से अपने आपको फिर से ठीक करना पड़ेगा। अपने अभिमान और अहं को जीतने की ज़रूरत है।
3. मुझे निष्पक्ष जाँचकर्ता बनना पड़ेगा जो अपने स्टॉक या सिद्धांत के साथ अपनी प्रतिष्ठा को न जोड़े।
4. मैं केवल संयोग पर काम नहीं कर सकता। सबसे पहले मुझे हर संभव तरीके से अपने खतरे कम करने पड़ेंगे।

इस दिशा में जो पहला कदम मैंने उठाया वह था- मेरा अल्प-नुकसान का हथियार। मुझे पहले से पता था कि आधे समय मैं गलत हो सकता हूँ। तो क्यों न अपनी गलतियों की वास्तविकता को स्वीकारूँ और थोड़े नुकसान पर ही स्टॉक को तुरंत बेच दूँ। अगर मैं 25 पर कोई स्टॉक खरीदता हूँ और अगर वह स्टॉक 24 से नीचे चला जाता है तो क्यों न उसी समय मैं इसे बेचने को कह दूँ।

मैंने एक खास अंक पर खरीदने के लिए 'ऑन-स्टॉप' के साथ स्टॉक के नीचे जाने की स्थिति में ऑटोमैटिक 'स्टॉप-लॉस' का ऑर्डर दे दिया। इस तरह से मैंने अंकित कर लिया कि मैं नुकसान के साथ कभी नहीं सोऊँगा। अगर मेरा कोई भी स्टॉक मेरे सोचे हुए मूल्य से नीचे चला जाता है तो उस रात सोने से पहले ही मैं उससे छुटकारा पा चुका होऊँगा। कई बार मुझे पता होता था कि मैं 'स्टॉक आउट' हो जाऊँगा और उसके बाद मात्र एक पॉइंट की वजह से अपने स्टॉक को उसके तुरंत बाद बढ़ते देखने से वंचित रह जाऊँगा, लेकिन मैंने महसूस किया कि यह बड़े

नुकसान को रोकने से ज़्यादा ज़रूरी नहीं है। इसके अलावा, ज़्यादा मूल्य चुकाकर मैं उस स्टॉक को कभी भी दोबारा खरीद सकता हूँ। इसके बाद मैंने दूसरा वैसा ही महत्वपूर्ण कदम उठाया।

मुझे मालूम था कि आधे समय सही हो जाना सफलता का उत्तर नहीं है। मैं समझने लगा था कि कैसे मैं आधे नफे आधे नुकसान से भी कंगाल हो सकता था। यदि मैं 10,000 डॉलर निवेश करता हूँ और मीडियम प्राईस्ड स्टॉक में काम करता हूँ, तो हर ऑपरेशन में मुझे लगभग 125 डॉलर का कमीशन खरीदने और 125 डॉलर का बेचने में देना पड़ेगा।

मान लेते हैं कि आधे समय मैं सही हूँ। हर डील में 250 डॉलर प्रति डील के हिसाब से मैं 40 बार ट्रेड कर पाऊँगा और बिना नुकसान उठाए भी मैं अपनी पूँजी खो दूँगा। मेरी पूँजी कमीशन में ही समाप्त हो जाएगी। निम्नलिखित तरह से चूहा रूपी कमीशन हर ऑपरेशन में कुतरेगा और अंततः मेरी सारी दौलत खा जाएगा।

20 डॉलर के हिसाब से 500 शेयर खरीदे	
भुगतान (कमीशन सहित)	**10,125.00 डॉलर**
20 डॉलर के हिसाब से 500 शेयर बेचे	
प्राप्त किए (कमीशन घटाकर)	**9,875.00 डॉलर**
नुकसान =	**250.00 डॉलर**

250 डॉलर पर 40 ट्रांजेक्शन = 10,000 डॉलर

इस खतरे का केवल एक ही उत्तर था : मेरे मुनाफे का नुकसान पर भारी पड़ना।

अनुभव से मैंने यह सीखा था कि मेरी सबसे बड़ी मुश्किल है बढ़ते हुए स्टॉक को जल्दबाज़ी में न बेचने के लिए स्वयं को अनुशासित करना। मैं हमेशा जल्दबाज़ी में बेच देता था क्योंकि मैं डरपोक था। जब भी मैं एक स्टॉक 25 पर खरीदता था और वह 30 अंक बढ़ता था तभी उसके पीछे लुढ़कने से इतना चिंतित हो जाता था कि मैं उसे बेच देता था। मुझे पता था कि क्या करना सही है, लेकिन मैं लगातार उल्टा करता जाता था।

मैंने निर्णय लिया कि चूँकि मुझे हर बार भयभीत न होने के लिए

स्वयं को प्रशिक्षित करना है इसलिए कोई दूसरा तरीका अपना लेना ही ठीक रहेगा और वह यह था कि मुझे एक बढ़ते हुए स्टॉक को रखे रहना है, लेकिन उसके बढ़ने के साथ-साथ अपने 'स्टॉप-लॉस' ऑर्डर को भी बढ़ाते जाना है। मैं इसे इतने अंतर पर रखूँगा कि अगर मूल्य में अकारण स्विंग आए, तो उससे कोई फर्क न पड़े। फिर भी अगर स्टॉक पलटकर गिरने लगे, तो यह तुरंत ही बेच दिया जाएगा। इस तरह से मार्केट मेरे लाभ का एक टुकड़े से ज़्यादा नहीं ले पाएगा, परंतु यह कैसे पता लगे कि लाभ कब लेना है?

मैंने महसूस किया कि एकदम ऊँचाई पर जाकर मेरे लिए बेचना संभव नहीं है। जो कोई भी लगातार ऐसा दावा करता है, वह झूठ बोल रहा है। बढ़ते हुए स्टॉक को अगर मैं बेचता हूँ, तो यह पूरी तरह से अनुमान होगा क्योंकि मुझे यह मालूम नहीं हो सकता कि वह कितना और बढ़ेगा। ऐसी उम्मीद कि 'माई फेयर लेडी' अपने 200 प्रदर्शन के बाद ही थकेगी, कोई बुद्धिमानी नहीं है। आप यह भी अंदाज़ा लगा सकते हैं कि यह 300 या 400 प्रदर्शनों के बाद नीचे आएगी, लेकिन वह इन अंकों पर क्यों नहीं पहुँची? क्योंकि हर रात थिएटर की पूरी सीटें भरी देखकर भी निर्माता का इस शो को बंद करना मूर्खता थी। यह तभी ठीक कहा जा सकता था जब वह खाली सीटों को देखकर शो बंद करने का निर्णय लेता।

मैं बेचने की समस्या के लिए मोटे तौर पर की जाने वाली तुलना को लेकर चला। एक बढ़ते हुए स्टॉक को अगर मैं बेचता हूँ, तो यह मूर्खता होगी। फिर कब बेचना चाहिए। जब बॉक्स उल्टे चलने शुरू हो जाएँ। जब पिरामिड सिर के बल नीचे गिरने लगे। यही वह समय होगा जब शो को बंद करना और स्टॉक को बेच देना चाहिए। मेरा लगाया हुआ स्टॉप लॉस, जो मैं स्टॉक के बढ़ते मूल्य के पीछे घसीटता जाता हूँ, अपने आप इस बात का ख्याल रखेगा।

यह सब निर्णय लेने के बाद मैं बैठा और स्टॉक मार्केट में अपने उद्देश्यों को फिर से स्पष्ट करने लगा :

(1) सही स्टॉक

(2) सही समय

(3) अल्प नुकसान

(4) बड़े लाभ

मैंने अपने हथियारों को देखा :

(1) मूल्य और वॉल्यूम

(2) बॉक्स थ्योरी

(3) ऑटोमैटिक बाय-ऑर्डर

(4) स्टॉप-लॉस सेल-ऑर्डर

मेरे मूलभूत रण-कौशल के अनुसार मैंने निर्णय लिया कि मैं हमेशा ही यह करूँगा। मैं ऊपर जाते हुए ट्रेन्ड के साथ अपने स्टॉप-लॉस बीमा को पीछे घसीटते हुए धीरे-धीरे दौड़ूँगा। जब तक यह ट्रेन्ड चलेगा, मैं और खरीदूँगा। जब ट्रेन्ड उल्टा चलेगा, मैं एक चोर की तरह भागूँगा।

मैंने महसूस किया कि वहाँ और भी कई गड़बड़ियाँ थीं। इस ऑपरेशन में काफी सारे अनुमान लगाने की ज़रूरत थी। आधे समय सही होने के बारे में मेरा अनुमान आशावादी हो सकता है। लेकिन आखिर में मुझे अपनी समस्या पहले से अधिक स्पष्ट हो गई। मुझे पता था कि मुझे स्टॉक्स के प्रति एक ठंडा, उदासीन रुख रखना होगा जिससे कि मैं उनके बढ़ने पर उनके प्यार में न पड़ूँ और गिरने पर उन पर गुस्सा न होऊँ, क्योंकि कोई भी शेयर अच्छा या बुरा शेयर नहीं था। केवल बढ़ते और गिरते स्टॉक थे और मुझे बढ़ते हुए को पकड़े रखना और गिरते हुए को बेचना चाहिए।

मुझे पता था कि यह करने के लिए मुझे ऐसी कोई बड़ी उपलब्धि हासिल करनी है, जो पहले नहीं थी। मुझे अपनी भावनाओं, भय, उम्मीद, लालच पर पूर्ण नियंत्रण रखना है। मुझे इसमें कोई शक नहीं था कि इसके लिए बड़ी मात्रा में आत्म-अनुशासन की ज़रूरत है, लेकिन मैं उस व्यक्ति की तरह महसूस कर रहा था, जो यह तो जानता है कि कमरे में प्रकाश किया जा सकता है, लेकिन वह स्विच ढूँढ़ने के लिए इधर-उधर हो रहा है।

अध्याय : पाँच

दुनिया भर से तार

लगभग उसी समय जब मैं अपने दिमाग़ में नए सिद्धांतों के साथ काम करने की शुरुआत कर रहा था, मैंने अपने डांस एक्ट के लिए दो साल के विश्व दौरे के लिए हस्ताक्षर किए। इसके तुरंत बाद मुझे कई समस्याओं का सामना करना पड़ा। कैसे? क्या मैं विश्व के दूसरे कोने में बैठकर ट्रेड कर सकता हूँ? उसी समय मेरे मस्तिष्क में वह बात उभर आई, जब मेरे ब्रोकर का फोन मुझे नहीं मिल पाया था। अगर यह न्यूयॉर्क में हो सकता है, तो मैं हज़ारों मील दूर बैठे हुए इस मुसीबत से कैसे उबर पाऊँगा? मैंने इस विषय पर उससे बातचीत की और हमने निर्णय लिया कि हम तार के ज़रिए एक-दूसरे से जुड़े रह सकते हैं।

हमने और एक साधन तय किया और वह था- साप्ताहिक आर्थिक प्रकाशन 'बैरन्स'। हमने इसके प्रकाशित होने के साथ ही इसके मुझ तक एयरमेल से पहुँचने की व्यवस्था कर ली। यह मुझे बढ़ते हुए स्टॉक्स की जानकारी देता रहता। साथ ही साथ मेरे खरीदे हुए स्टॉक्स की जानकारी रोज़ का एक तार दे देता था। कश्मीर और नेपाल जैसे दूरवर्ती क्षेत्रों में भी- जहाँ मैंने यात्रा के दौरान प्रदर्शन किया, वहाँ भी सही समय पर रोज़ तार पहुँचता रहा। यह मेरे स्टॉक्स के वॉल स्ट्रीट में बंद होने वाले मूल्य बताता था।

समय और धन की बचत के लिए मैंने न्यूयॉर्क के अपने ब्रोकर के साथ कुछ विशिष्ट कोड बना लिए। मेरे तार में अक्षरों की एक लड़ी होती थी, जो स्टॉक के बारे में सूचित करती थी। उस लड़ी के पीछे कुछ निरर्थक नंबरों की कड़ी होती थी। यह कुछ इस प्रकार लगते थे :

"बी 32½ एल 57 यू 89½ ए 120¼ एफ 132¼"

कुछ ही दिनों में मुझे समझ में आने लगा कि स्टॉक्स की चाल का ठीक से अनुसरण करने के लिए ये कोटेशन पर्याप्त नहीं थे। स्टॉक्स की निचली और ऊपरी सीमाओं की हरकत जाने बिना मैं बॉक्सेस नहीं बना सकता था। मैंने न्यूयॉर्क फोन किया और अपने ब्रोकर से कहा कि वह मुझे हर क्लोसिंग मूल्य के साथ स्टॉक के हर दिन के मूल्य के उतार-चढ़ाव की पूरी जानकारी दे। इसमें स्टॉक के उस दिन के सर्वोच्च और निम्नतम मूल्य भी होते थे। अब मेरे टेलीग्राम इस तरह के दिखते थे :

“ बी 32½ (34½ - 32⅜) एल 57 (58⅝ -57) यू 89½ (91½-89) ए 120¼ (121½-120¼) एफ 132¼ (134⅞-132¼)”

मैंने वॉल्यूम कोट्स भेजने के लिए नहीं कहा क्योंकि मुझे डर था कि बहुत ज़्यादा अंक मेरे तार में अधिक भीड़ न बढ़ा दें। मेरे पसंद किए हुए स्टॉक्स उच्च वॉल्यूम स्टॉक थे और मैंने सोचा कि अगर वॉल्यूम कम होगा तो मुझे कुछ दिनों के बाद ‘बैरन्स’ से पता चल जाएगा।

चूँकि मेरे ब्रोकर और मुझे, हम दोनों को पता था कि हम कौन-से स्टॉक कोट कर रहे हैं, इसलिए हम मेरे खरीदे हुए स्टॉक्स का केवल पहला अक्षर प्रयोग में लाते थे, परंतु ये संक्षिप्त रूप पूरे विश्व में स्टॉक मार्केट के लिए प्रयुक्त होने वाले संक्षिप्त रूपों से अलग थे, इसलिए ये लगातार रहस्यमयी अक्षर और अंक वाले तार लगभग हर जगह के डाकघर के कर्मचारियों को परेशान करते थे। अपना पहला तार लेने से पहले मुझे उसमें दी गई जानकारियों के बारे में उन्हें विस्तार से समझाना पड़ता था।

वे स्वाभाविक रूप से सोचते थे कि मैं ज़रूर कोई जासूस हूँ। मुझे इस शक का लगातार सामना करना पड़ा, विशेषकर सुदूर पूर्व के देशों में। जापान में स्थिति सबसे ज़्यादा खराब थी। अन्य जगहों की अपेक्षा जापान के टेलीग्राफ अधिकारी सबसे ज़्यादा शंकित थे। शायद जापान की नौकरशाही अभी भी युद्ध-पूर्व की जासूसी सनक से मुक्त नहीं हुई थी, क्योंकि नागोया और ओसाका जैसे किसी भी शहर में जब भी मैं गया, वहाँ के तार अधिकारी मुझे गहरे शक की नज़रों से देखते थे।

मुझे हर बार उन्हें विस्तृत विवरण देना पड़ता था। चूँकि मुझे जापानी बोलनी नहीं आती थी, मेरे लिए यह अक्सर पेचीदा काम हो जाता था, लेकिन जैसे ही मैंने अपने तार के विषय को बताने वाला एक पेपर हस्ताक्षर करके उन्हें दिया वे खुश हो गए। उनके दिमाग़ में यह नहीं आया कि मैं झूठ-मूठ लिखकर भी तो दे सकता हूँ। उन्हें बस यही चाहिए था, इसके बिना वे मेरे तार भेजने से इंकार कर रहे थे।

उनका दिमाग़ बदलने में मुझे बहुत समय लगा। जापान में मैं छह महीने रहा। इस दौरान मैं ज़्यादातर बड़े शहरों के तार घरों का जाना-पहचाना शख्स बन चुका था। अब वे मेरे विशिष्ट हस्ताक्षर के बिना भी खुशी से मेरे तार ग्रहण कर लेते थे। जापानियों में यह बात प्रचलित हो गई थी कि मैं पागल, लेकिन हानिरहित हूँ। ऐसा यूरोपवासी हूँ, जो रोज़ वित्तीय कूड़ा तारों के ज़रिए भेजता और लेता रहता हूँ।

मेरी विश्व यात्रा के दौरान मैं हाँगकाँग से इस्ताम्बुल, रंगून, मनीला, सिंगापुर, स्टॉकहोम, फार्मोसा, कोलकाता, जापान और अन्य कई जगहों पर गया। तार भेजने और ग्रहण करने के लिए स्वाभाविक रूप से मुझे अन्य कई परेशानियों का सामना करना पड़ा।

यात्रा के दौरान एक मुख्य समस्या होती थी कि मुझे अपने तार पाने के लिए सावधान रहना पड़ता था जिससे वे इधर-उधर न हों। इसलिए जब मैं यात्रा में होता था, वे कई बार दो या तीन प्रतिलिपि में आ जाते थे। एक ही तार के लिए सामान्य-सी बात थी कि वह वॉल स्ट्रीट से पैनेम फ्लाइट-2 हाँगकाँग एयरपोर्ट, फिर टोक्यो एयरपोर्ट और निकत्सू होटल, टोक्यो पहुँचता था। अगर मैं उड़ान के दौरान तार न ले सकूँ तो इस व्यवस्था से वह हवाईअड्डे पर उतरने के तुरंत बाद ही मुझे मिल जाता था।

लाओस के विएनटिएन से वॉल स्ट्रीट में काम करने में मुझे बड़ी-बड़ी समस्याएँ आईं। इनमें पहली वहाँ टेलीफोन सेवा का न होना था। वहाँ की स्थानीय टेलीफोन सेवा केवल अमेरिकन मिलिट्री मिशन और अमेरिकन दूतावास के बीच थी, जो मेरे किसी काम की नहीं थी।

मुझे संदेश लेने या देने के लिए एक रिक्शा लेकर डाकघर जाना

पड़ता था, जो दिन में केवल आठ घंटे खुलता था और हमेशा आखरी समय में धम से बंद हो जाया करता था।

चूँकि वहाँ के स्थानीय समय और न्ययॉर्क के समय में आठ घंटे का फर्क था और वॉल स्ट्रीट खुलने व बंद होने के दौरान डाकघर बंद रहता था। स्टॉक मार्केट की महत्वपूर्ण खबरें लगातार अटकी हुई थीं और इसलिए मैं बहुत परेशान था।

एक दिन जब मैं डाकघर पहुँचा तो मुझे एक टेलीग्राम मिला, जो सायगोन से हाँगकाँग और फिर हाँगकाँग से विएनटिएन भेजा गया था। मैंने उसे डरते हुए खोला, क्योंकि मुझे लग रहा था कि देरी की वजह से जरूर कोई घोर संकट आया होगा। सौभाग्यवश उसमें ऐसी कोई सूचना नहीं थी जिस पर काम करने के लिए मुझे विवश होना पड़ता।

केवल लाओस ही एक ऐसी जगह नहीं थी जहाँ मुझे मुश्किलों का सामना करना पड़ा। हिमालय की गोद में बसे नेपाल की राजधानी काठमांडू में टेलीग्राफ सेवा ही नहीं थी। वहाँ के भारतीय दूतावास में ही केवल टेलीग्राफ कार्यालय था और दुनिया भर से जो भी तार से संपर्क होते थे, वे सब उसी के माध्यम से आते थे।

दूतावास के अधिकारी एक आम आदमी के लिए आए निजी तार को लेना अपनी प्रतिष्ठा के खिलाफ समझते थे। मेरे लिए जब वहाँ तार आते थे, तो वे मुझे नहीं भेजते थे और मुझे अपने लिए आए संदेश को जानने के लिए बार-बार दूतावास को फोन करना पड़ता था। कई बार मुझे दस बार फोन करना पड़ता था। इसके बाद वे मुझे अपना तार ले जाने के लिए कहते थे। साथ ही वे हाथ से लिखे होते थे और अक्सर पढ़ने में नहीं आते थे।

मेरे कार्य की आधारभूत तकनीक यह थी : बैरन्स, जो सोमवार को बोस्टन में प्रकाशित होता था, अगर मैं ऑस्ट्रेलिया और भारत में हूँ और विश्व के किसी सुदूरवर्ती स्थान पर नहीं हूँ, तो मेरे पास सामान्यत: बृहस्पतिवार तक पहुँच जाता था। इसका मतलब यह था कि मैं वॉल स्ट्रीट में होने वाली हलचलों से पाँच दिन दूर था। किसी प्रकार जब मैंने बैरन्स में एक स्टॉक को अपने सिद्धांतों के अनुकूल व्यवहार करते पाया, तो मैंने अपने ब्रोकर

को उस स्टॉक की सोमवार से बृहस्पतिवार तक की गतिविधि से जुड़ा तार भेजने को कहा, जैसे :

"क्रिसलर, इस सप्ताह के रेंज और समाप्ति का तार भेजो।"

उदाहरण के लिए, अगर मेरे दृष्टिकोण में कोई स्टॉक 60/65 वाले बॉक्स में ठीक से व्यवहार कर रहा है, तो मैं इंतज़ार करता था कि न्यूयॉर्क से आने वाला चार दिन का कोटेशन भी क्या यही दिखा रहा है। अगर तार से आया हुआ कोटेशन भी स्टॉक को उसी बॉक्स में दिखाता था, तो फिर मैं उस पर निगरानी रखने का निर्णय लेता था। फिर मैं अपने ब्रोकर से इसको प्रतिदिन कोट करने के लिए कहता था, जिससे मैं देख सकूँ कि क्या यह ऊपरी बॉक्स की तरफ बढ़ रहा है। मैं जो देखता था, अगर मैं उससे संतुष्ट होता था, तो मैं न्यूयॉर्क में 'ऑन-स्टॉप' खरीद के लिए तार भेज देता था, जिसके लिए मेरे ब्रोकर को निर्देश था कि अगले निर्देश या रद्द किए जाने तक इसे ठीक समझा जाए।

इसके साथ हमेशा ही ऑटोमैटिक स्टॉप-लॉस ऑर्डर दिया जाता था जिससे यदि मेरे खरीदने के बाद अगर स्टॉक गिर जाए, तो उसे बेचा जा सके। एक प्रतीकात्मक केबल इस तरह का होता था :

"क्रिसलर, 200 खरीदो ऑन स्टॉप 67 स्टॉप लॉस 65।"

दूसरी तरफ मेरे ब्रोकर का केबल दिखा रहा था कि यह 60/65 के बॉक्स से बाहर निकल चुका था। मुझे इस पर गौर करने में देर हो चुकी थी, अतः मैंने इसे भूल जाना ही उचित समझा। अब मुझे दूसरे सुअवसर का इंतज़ार करना था।

स्वाभाविक रूप से मुझे अपने ऑपरेशन्स को कुछेक स्टॉक्स तक सीमित करना पड़ा। इसका एकमात्र कारण आर्थिक था। अगर मैं प्रतिदिन स्टॉक कोटेशन के लिए एक तार करने में 12 से 15 डॉलर खर्च करता तो जब तक मैं अपार लाभ नहीं कमाता यह ऑपरेशन मुझे महँगा पड़ता।

शुरुआत में मैं बहुत डरा हुआ था। इसलिए नहीं कि पहले न्यूयॉर्क में रहने से कुछ मदद मिली थी, बल्कि इसलिए कि वॉल स्ट्रीट से टेलीफोन से बातचीत होते रहने की वजह से सुरक्षा की एक गलत भावना भर गई

थी। मैं कुछ समय के लिए इसका अभाव महसूस करता रहा। बाद में जैसे-जैसे क्रमशः मुझे तार के माध्यम से ट्रेडिंग का अनुभव होने लगा, मैं इसके लाभ से परिचित होने लगा। न कोई फोन कॉल, न कोई उलझन, न परस्पर विरोधी अफवाहें। यह सारे तत्व मिलकर मुझे विरक्ति का दृष्टिकोण दे रहे थे।

चूँकि मैं एक समय में पाँच से आठ स्टॉक ही संभाल रहा था, मैं अपने आप को हज़ारों स्टॉक्स के उलझे हुए जंगल जैसे रास्तों से अलग कर सकता था। मैं अपने स्टॉक्स की और किसी चीज़ से नहीं केवल मूल्य से प्रभावित था।

मैं यह नहीं सुन सकता था कि लोग क्या कहते हैं, लेकिन देख सकता था कि वे क्या करते हैं। यह उस 'पोकर' खेल की तरह था जिसमें मैं लगते हुए दाँव नहीं सुन सकता था, लेकिन पत्ते देख सकता था।

उस समय वह मुझे इतना समझ में नहीं आया, लेकिन बाद में जब मैं मार्केट में अधिक अनुभवी हो गया, तब मैंने महसूस किया कि यह मेरे लिए कितना बहुमूल्य था। चाहे ये पोकर के खिलाड़ी अपने शब्दों से मुझे भटकाने की कोशिश करेंगे और अपने पत्ते भी मुझे नहीं दिखाएँगे, लेकिन अगर मैं इनके शब्दों को न सुनूँ और लगातार इनके पत्तों पर निगरानी रखूँ, तो मैं यह अंदाज़ा लगा सकता हूँ कि ये क्या कर रहे थे।

शुरुआत में मैंने बिना धन निवेश किए कागज़ पर अभ्यास करने की कोशिश की, लेकिन जल्दी ही मैंने महसूस किया कि कागज़ पर काम करना वास्तविक निवेश से बहुत अलग है। यह तो बिना पैसे के ताश खेलने जैसा है। इसमें कोई खास मज़ा नहीं था।

कागज़ पर सब कुछ बहुत आसान लगता था, जब तक पैसा दाँव पर न लगा हो, परन्तु जैसे ही मैंने एक स्टॉक पर 10,000 डॉलर लगाए, तस्वीर बिल्कुल अलग हो गई। बिना धन निवेश किए तो मैं अपनी भावनाओं पर काबू रख सकता था, लेकिन जैसे ही मैंने एक स्टॉक में कई डॉलर लगा दिए, मेरी भावनाएँ तैरती हुई जल्दी से सतह पर आ गईं।

जैसे-जैसे मेरे तार दिन-प्रतिदिन पहुँचते गए, मैं धीरे-धीरे इस नए

तरह की कार्यप्रणाली का आदी होता गया और ज़्यादा से ज़्यादा आत्मविश्वासी होता गया। केवल एक तथ्य मुझे परेशान कर रहा था। कभी-कभी मेरे कुछ स्टॉक ऐसी अटपटी चालें चलते थे, जिनका उनके पूर्व व्यवहार से कोई संबंध नहीं होता था।

इससे मेरा सिर घूम जाता था। जब मैं किसी स्पष्टीकरण के लिए देख रहा था, उसी समय मैंने एक महत्वपूर्ण खोज़ की। मैंने महसूस किया कि मैं अपने आप पर निर्भर हूँ। मुझे पूरा विश्वास था कि मैं किताबों से और अधिक नहीं सीख सकता। कोई मेरा मार्गदर्शन नहीं कर सकता। मैं अपने दैनिक तार और बैरन्स की सासाहिक प्रति के साथ बिल्कुल अकेला हूँ। हजारों मील दूर पड़े वॉल स्ट्रीट से संपर्क के साधन केवल यही थे। अगर मुझे कोई स्पष्टीकरण चाहिए, तो मैं केवल इन्हें ही देख सकता था।

मैंने लालायित होकर बैरन्स में डुबकी लगाई। मैं उसके पन्ने तब तक पलटता रहा जब तक कि उसके पन्नों के टुकड़े-टुकड़े नहीं हो गए। अंततः मैंने यह खोजा : मेरे स्टॉक ऊपर-नीचे होते थे जिसका कारण मुझे समझ में नहीं आता था। वे स्टॉक मार्केट में किसी उथल-पुथल की वजह से ही ऊपर-नीचे होते थे। चूँकि मुझे केवल अपने स्टॉक्स के ही कोट्स मिल रहे थे, इसलिए मैं उन पर पड़ने वाले सामान्य मार्केट के प्रभाव की ओर बिल्कुल ध्यान नहीं दे रहा था। यह युद्धपोत के केवल एक भाग को देखकर युद्ध का मार्गदर्शन करने की कोशिश से कुछ ज़्यादा अच्छा नहीं था।

यह मेरे लिए एक महत्वपूर्ण खोज थी और मैंने तुरंत ही उस पर काम शुरू कर दिया। मैंने अपने ब्रोकर से 'डाऊ-जोन्स इंडस्ट्रीज़ एवरेज' का क्लोसिंग मूल्य मेरे तार के अंत में जोड़ने को कह दिया। अब मेरे टेलीग्राफ इस तरह पढ़े जा सकते थे :

"बी 32½ (34½-32⅜) एल 57 (58⅝-57) यू 89½ (91½-89) ए 120¼ (121½-120¼) एफ 132¼ (134⅞-132¼) 482.31"

जब मुझे नई सूचना जुड़ा हुआ पहला तार मिला, तो मैं नए खिलौने के साथ एक बच्चे की तरह हो गया था। मुझे लगा कि मुझे कोई नया सिद्धांत मिल गया है। जब मैंने डाऊ-जोन्स इंडस्ट्रीयल एवरेज के मूवमेंट्स

को अपने स्टॉक्स से जोड़कर देखने की कोशिश की तो मुझे समझ आ गया कि अगर एवरेज ऊपर जा रहा है, तो मेरे स्टॉक्स भी ऊपर जाएँगे।

जल्दी ही मुझे पता चल गया कि यह सही नहीं है। मार्केट को किसी एक ही पक्के साँचे में ढालने की कोशिश करना गलत था। ऐसा करना बिल्कुल असंभव लग रहा था। हर स्टॉक की चाल अलग तरह की थी।

मैकेनिकल पैटर्न जैसी कोई बात नहीं थी। एवरेज को त्यागने से पहले मैंने कई बार गलती की। यह शायद तब हुआ जब मैंने डाऊ-जोन्स कंपनी के एवरेज प्रकाशन की खोज़ नहीं की थी। यह रोज़ 30 चुने हुए शेयर्स के घटने-बढ़ने का ब्यौरा प्रस्तुत करता था। अन्य स्टॉक्स भी इससे प्रभावित थे, लेकिन इसके पैटर्न का अनुसरण नहीं करते थे। मैं भी डाऊ-जोन्स कंपनी की इस बात के लिए प्रशंसा करने लगा कि यह कोई भविष्यवक्ता संस्था नहीं है। यह किसी खास स्टॉक के बढ़ने और घटने के बारे में बताने की कोशिश नहीं करती थी।

धीरे-धीरे मुझे समझ में आने लगा कि मैं एवरेज और किसी खास स्टॉक के मैकेनिकल स्टैण्डर्ड के बीच संबंध नहीं लगा सकता हूँ। इस संबंध का विश्लेषण एक कला के जैसा था। कुछ अर्थों में यह चित्रकला जैसा था। एक कलाकार कुछ मूल सिद्धांतों का पालन करते हुए एक कैनवास पर रंग भरता जाता है, लेकिन इसको समझाना उसके लिए असंभव होता है कि उसने इसे कैसे बनाया। उसी तरह से मैंने पाया कि एवरेज और मेरे निजी स्टॉक्स का संबंध कुछ सिद्धांतों के साथ एक सीमा के अंदर है, लेकिन उन्हें सही-सही नापा नहीं जा सकता। तभी से मैंने यह तय कर लिया कि मैं डो जोन्स के औद्योगिक एवरेज पर नज़र रखूँगा, सिर्फ यह निश्चित करने के लिए कि मैं एक मज़बूत मार्केट में हूँ या कमज़ोर मार्केट में। ऐसा मैंने इसलिए किया क्योंकि मैंने महसूस किया था कि सामान्य मार्केट चक्र का प्रभाव लगभग हर स्टॉक पर होता है। ज़्यादातर केस में बियर या बुल मार्केट का चक्र शामिल होता ही था।

अब जब मैं अपनी थ्योरी के अंतिम पड़ाव पर पहुँच गया था, मुझे पहले से ज़्यादा दृढ़ता महसूस हो रही थी। मुझे लग रहा था कि अब मैंने

बिजली के कुछ स्विचों को छूना शुरू कर दिया है जो कमरे में प्रकाश फैला देंगे।

मैंने यह खोज़ लिया था कि मैं अपने सामने पड़े टेलीग्राम्स से स्टॉक्स के बारे में एक दृष्टिकोण बना सकता हूँ। ये मेरे लिए एक्स-रे जैसे हो गए थे। किसी गैर जानकार के लिए ये एक्स-रे बेकार हैं, लेकिन एक चिकित्सक को वह सारी जानकारी देता है, जो वह जानना चाहता है। वह उसकी मदद से बीमारी के समय और प्रकृति के बारे में समझ लेता है, रोगी की उम्र वगैरह जान लेता है और तभी वह निष्कर्ष पर पहुँचता है।

अपने तारों को देखते हुए मैंने भी वैसा ही कुछ किया। मैंने अपने स्टॉक्स के मूल्यों की पहले एक-दूसरे से तुलना की, फिर डाऊ-जोन्स के एवरेज से की। फिर जब मैंने उनकी ट्रेडिंग रेंज का वज़न आँक लिया तब मैंने मूल्यांकन किया कि मुझे खरीदना, बेचना या रखना है।

मैंने यह किसी गहरे विश्लेषण के बिना अपने आप ही कर लिया। मैं खुद को यह तब तक नहीं समझा पाया जब तक कि मैंने यह महसूस नहीं किया कि मैं अक्षरों को केवल बोलने की कोशिश नहीं कर रहा हूँ, बल्कि आराम से उन्हें पढ़ रहा हूँ। मैं वह कर रहा था जो एक पढ़ा-लिखा वयस्क करता है। किसी एक बच्चे की तरह अक्षरों को जोड़कर कष्ट से पढ़ने की बजाय मैं एक ही नज़र में उस छपे हुए कागज़ को समझकर तुरंत निष्कर्ष निकाल सकता था।

साथ ही साथ मैंने अपनी भावनाओं को भी प्रशिक्षित करने की कोशिश की थी। मैंने इसे इस तरह किया : जब भी मैंने कोई स्टॉक खरीदा मैंने इसे खरीदने का कारण लिखने की कोशिश की। बेचने के समय भी मैंने यही किया। जब भी किसी सौदे का अंत नुकसान में हुआ, मैंने उसके संभावित कारण लिख लिए। इसके बाद मैंने उन गलतियों को न दोहराने की कोशिश की। मेरे एक टेबल का नमूना देखिए:

कंपनी का नाम	खरीदा	बेचा	गलती का कारण
आइलैण्ड क्रीक कोल	46	43½	देर से खरीदना
ज्वॉय मैन्यूफैक्चरिंग	62	60 ⅝	स्टॉप-लॉस बहुत नज़दीक होना
ईस्टर्न गैस एण्ड फ्यूल	27¾	25 ⅛	कमज़ोर जनरल मार्केट को अनदेखा करना
एल्कोआ	118	116 ½	गिरावट पर खरीदना
कूपर-बिसमर	55 ⅜	54	गलत समय

इस गलती का कारण बताने वाले टेबल से मुझे अपरिमित सहायता मिली। जैसे मैंने उन्हें एक के बाद एक क्रम में लगाया था, मैं हर ट्रेडिंग से कुछ सीख रहा था। मुझे दिखने लगा था कि लोगों की ही तरह स्टॉक्स के भी अलग-अलग चरित्र हैं। यह कोई अतार्किक बात नहीं है, क्योंकि इनको खरीदने व बेचने वाले लोगों के चरित्र को ये बड़ी निष्ठा से प्रतिबिंबित करते हैं।

इंसानों की तरह ही स्टॉक्स भी अलग-अलग तरह से व्यवहार करते हैं। कुछ शांत, धीमे या रूढ़िवादी होते हैं, तो कुछ उछलने वाले, आशंकित या तनावपूर्ण होते हैं। कुछ के बारे में भविष्यवाणी करना मेरे लिए आसान था। ये अपनी चाल में नियमित और व्यवहार में तार्किक थे। ये आश्रित मित्रों की तरह थे।

कुछ ऐसे थे जिन्हें मैं संभाल नहीं पाता था। जब भी मैंने उन्हें खरीदा, उन्होंने मुझे चोट पहुँचाई। उनके व्यवहार में कहीं कुछ इंसानों जैसा था। वे मुझे अपनाना नहीं चाहते थे। वे मुझे ऐसे इंसान की तरह लगते थे जिससे आप दोस्ती करना चाहो और वह यह सोचे कि आपने उसका अपमान किया है और यह सोचकर वह आपको चाँटा जड़ दे। मैंने यह दृष्टिकोण बना लिया कि अगर ये स्टॉक मुझे दो बार चाँटा जड़ देंगे तो मैं इन्हें छुऊँगा भी नहीं। मैं बस उसको खरीदूँगा जिसे मैं संभाल सकूँ। इसका यह मतलब कदापि नहीं था कि मुझसे अलग स्वभाव के व्यक्ति इनके साथ ठीक से तालमेल नहीं बिठा सकते थे। ठीक वैसे ही जैसे कुछ लोग अन्य लोगों की अपेक्षा कुछ खास तरह के लोगों के साथ बेहतर तालमेल बैठा सकते हैं।

मैंने अपने 'गलती का कारण' वाले टेबल से जो अनुभव लिया वह मेरी सभी योग्यताओं में सबसे महत्वपूर्ण था। मैंने महसूस किया कि मैं यह किताबों से कभी नहीं सीख सकता था। मैं इसे कार चलाने की तरह लेने लगा। किसी चालक को एक्सलरेटर, स्टीयरिंग व्हील और ब्रेक का प्रयोग बताया जा सकता है, परंतु फिर भी चलाने के लिए उसकी अपनी इच्छा का जाग्रत होना ज़रूरी है। वह सामने वाली कार के कितना करीब है या कब उसे रफ्तार कम करनी है, इसका फैसला करना उसे कोई नहीं सिखा सकता। यह तो वह अपने अनुभव से ही सीख सकता है।

सारी दुनिया में घूमते हुए तार के ज़रिए वॉल स्ट्रीट में काम करते-करते मुझे धीरे-धीरे यह पता लगने लगा कि यद्यपि मैं विश्लेषक तो बन रहा था फिर भी मैं भविष्यवक्ता नहीं बन सकता था। जब मैं एक स्टॉक का परीक्षण करता था और उसे मज़बूत पाता था, तब मैं केवल यही बता सकता था : वह आज इस समय इस घंटे स्वस्थ है। मैं इस बात की कोई गारंटी नहीं ले सकता था कि कल उसे जुकाम नहीं होगा। मेरा अच्छा खासा अंदाज़ा, चाहे वह कितनी भी सावधानी से लगाया गया हो, कभी-कभी गलत सिद्ध हो जाता था। इससे मैं अब परेशान नहीं होता था। आखिरकार, मैंने सोचा, मैं यह कहने वाला कौन हूँ कि एक स्टॉक को कैसा होना और कैसा नहीं होना चाहिए?

मेरी गलतियाँ अब मुझे दुःखी नहीं करती थीं। अगर मैं सही होता तो इससे अच्छा कुछ नहीं था। अगर मैं गलत होता- तो मैं इन्हें बेच देता। मेरे साथ यह अपने आप होने लगा था। अगर स्टॉक चढ़ता तो न मैं गर्व महसूस करता और गिरने पर आहत भी नहीं होता था। मुझे पता चल गया कि 'वैल्यू' शब्द स्टॉक के संदर्भ में प्रयुक्त नहीं हो सकता।

किसी स्टॉक की 'वैल्यू' उसका कोटेड मूल्य होता है। यह पूरी तरह से माँग और पूर्ति पर निर्भर करता है। अंततः मुझे यह समझ में आ गया कि 50 डॉलर का स्टॉक जैसी कोई चीज़ नहीं है। अगर कोई 50 डॉलर का स्टॉक 49 डॉलर पर आ जाए तो वह अब 49 डॉलर का स्टॉक है। वॉल स्ट्रीट से हज़ारों मील दूर मैं अपने हर स्टॉक से अपने आपको भावनात्मक

रूप से अलग करने में सफल हो गया।

मैंने यह भी सोच लिया कि मैं टैक्स समस्या से प्रभावित नहीं होऊँगा। कई लोग दीर्घ अवधि लाभ अर्जित करने के लिए स्टॉक को छह महीने तक रखे रहते थे। मैं इसे खतरनाक समझता था। केवल टैक्स के कारण से गिरते हुए स्टॉक को इतने लंबे समय तक रखे रहने से मैं धन गँवा सकता था।

मैंने निर्णय कर लिया कि मैं सही बात का सबसे पहले ध्यान रखकर ही ट्रेड करूँगा- अर्थात स्टॉक के व्यवहार के प्रभाव का अनुसरण और बाद में टैक्स के बारे में सोचूँगा।

जब स्टॉक मेरे नए तौर-तरीके की पुष्टि कर रहे थे, तब मैं कुछ समय के लिए उन्हें सफलतापूर्वक संभाल पाया। जब मुझे लगा कि मैं सही और शांत हूँ तब पूरे आत्मविश्वास के साथ मैंने उन्हें खरीदा, जब मुझे लगा कि मैं गलत सिद्ध हो गया हूँ तब बिना दुःख और अहं के मैंने सीमित नुकसान को सहन किया।

मेरा एक बहुत ही सफल सौदा कूपर बेस्मर का रहा। मैंने इस स्टॉक को तीन बार खरीदा, हर बार 200 शेयर। इसमें दो सौदे घाटे के रहे, लेकिन तीसरे में मुझे अच्छा-खासा मुनाफा हुआ। इसकी खरीद का विवरण इस प्रकार है :

नवम्बर, 1956

46 पर खरीदा (9,276.00 डॉलर)

45⅛ पर बेचा (8,941.09 डॉलर)

नुकसान 334.91 डॉलर

दिसम्बर, 1956

55⅜ पर खरीदा (11,156.08 डॉलर)

54 पर बेचा (10,710.38 डॉलर)

नुकसान 445.70 डॉलर

जनवरी-अप्रैल 1957

57 पर खरीदा (11,481.40 डॉलर)

70¾ पर बेचा (14,056.95 डॉलर)

लाभ 2,575.55 डॉलर

कुछ अन्य स्टॉक्स, जैसे ड्रेसर इंडस्ट्रीज़ और रेनॉल्ड्स मैटल्स भी इतने ही अच्छे चले और इनसे मुझे संतोषजनक लाभ हुआ।

लेकिन तभी, जब मैं 1957 की गर्मियों में सिंगापुर में था, कुछ लगातार धक्का पहुँचाने वाली घटनाएँ घटीं।

मैंने 56¼ पर बाल्टीमोर एण्ड ओहियो रेलरोड खरीदा। मैंने सोचा था कि यह 56/61 के बॉक्स में है और यह बढ़ेगा, परंतु यह नीचे जाने लगा और मैंने इसे 55 पर बेच दिया।

फिर मैंने डोबैकमन खरीदा। मैंने अंदाज़ लगाया कि यह 44/49 के बॉक्स में है, इसलिए मैंने इसे 45 पर खरीदा। यह लड़खड़ाने लगा और मैंने इसे 41 पर बेच दिया।

मैंने 44 पर डेस्टोर्म खरीदा क्योंकि मुझे लगा कि यह 45/50 के बॉक्स में बढ़ रहा है। मैंने इसे 42¼ पर बेचा।

मैंने 61¾ पर फॉस्टर व्हीलर खरीदा। मैंने सोचा कि यह 60/80 के बॉक्स में था। जब वह धीरे से मेरे विरोध में पलटा, तो मैंने 60 के फ्रेम के ठीक नीचे 59½ पर इसे बेच दिया।

एयरोक्विप आखिरी था। मैंने इसे 23¼ से 27 ⅝ के बीच के मूल्य पर खरीदा था। मैं इसे 30 की तरफ ऊपर चढ़ता हुआ देखता रहा और 31/35 के बॉक्स पर इसके बढ़ने का इंतज़ार करता रहा, लेकिन यह उस तरह से हुआ नहीं। मैंने 27½ पर ही एयरोक्विप को छोड़ दिया।

अंततः 26 अगस्त, 1957 को मेरे पास एक भी स्टॉक नहीं था। मेरे ऑटोमैटिक स्टॉप-लॉस ने मेरा सब कुछ बेच दिया था। दो महीनों में मेरे स्टॉक्स में से हर एक स्टॉक धीरे-धीरे पलट गया था और एक के बाद एक वे लड़खड़ाकर अपने बॉक्स के निचले तल पर पहुँच गया था और चाहे

सवाल आधे पॉइंट का रहा हो, वे एक के बाद एक बिकते चले गए।

मुझे यह सब अच्छा नहीं लगा, परंतु ऐसा कुछ नहीं था जो मैं कर सकता था। मेरी थ्योरी के हिसाब से मैं चुपचाप बैठकर तब तक प्रतीक्षा कर सकता था जब तक कि मेरे एक या अधिक स्टॉक, जिनसे मैं रोक दिया गया था, वे या अन्य कोई स्टॉक जिन पर मैं नज़र रखे था, एक नए ऊँचाई वाले बॉक्स की तरफ न बढ़ जाएँ।

उत्सुक और बेचैन मैं, बिना एक भी डॉलर निवेश किए, किनारे से लगातार गिरते हुए मूल्यों को देख रहा था।

मुझे कोई मौका आता दिखाई नहीं दिया। मुझे यह नहीं पता था कि हम बड़े बुल मार्केट के एक चरण की समाप्ति पर हैं। यह स्पष्ट होने के लिए पहले ऐसा काफी महीने तक चलता रहा और इसे बियर मार्केट घोषित कर दिया गया। वॉल स्ट्रीट के आधे विश्लेषक आज भी इसकी चर्चा करते हैं। वे कहते हैं कि यह महज़ एक अल्पकालीन प्रतिक्रिया थी– संभवतः चढ़ते हुए मार्केट पर एक अस्थाई ठहराव। फिर भी सभी मानते हैं कि इससे मूल्य धराशायी हो गए।

यह सभी बातें सभी के द्वारा तभी प्रकट की गईं जब बहुत देर हो चुकी थी। मार्केट से बाहर निकलने की सलाह तब उपलब्ध नहीं थी जब इसकी ज़रूरत थी।

मुझे हिटलर का केस याद आया जब उसने स्टालिनगार्ड पर हमला करने का फैसला किया। उसके लिए तो यह बस अन्य रूसी शहरों की तरह ही एक और शहर को जीतना और उस पर अधिकार करना था। जब स्टालिन– गार्ड की लड़ाई चल रही थी तब यह किसी को पता नहीं था कि यह युद्ध का 'टर्निंग पॉइंट' होगा। काफी समय तक लोग इसे समझ नहीं पाए। यहाँ तक कि जब जर्मन सेनाएँ आधे रास्ते तक पीछे हट चुकी थीं, इसे एक रणनीति के तहत वापसी की तरह देखा जा रहा था।

लेकिन वास्तव में यह हिटलर का अंत था। नाज़ी युद्ध रूपी बुल मार्केट उसी दिन समाप्त हो गया था। जिस दिन हिटलर ने स्टालिनगार्ड पर आक्रमण किया था।

उसी तरह से मैंने महसूस किया कि जब मार्केट में कुछ बड़े ऐतिहासिक मोड़ आते थे, तो शुरुआत में ही उनका अंदाज़ा लगाना मेरे लिए असंभव-सा था। लेकिन वॉल स्ट्रीट पर लगातार गिरती हुई कीमतों को देखकर मुझे धीरे-धीरे इस बात की संतुष्टि होने लगी थी कि अपने स्टॉप लॉस वाले तरीके के चलते थोड़े-से नुकसान में बाहर निकल आने की वज़ह से मुझे ऐसे किसी अंदाज़े की ज़रूरत ही नहीं थी।

मुझे इस बात की बहुत खुशी हुई कि मेरी पद्धति ने मेरे सोचे हुए से भी ज़्यादा अच्छी तरह काम किया। उसने मुझे आगे आने वाले बुरे समय से अपने आप ही बाहर निकाल लिया। मार्केट बदल चुका था, लेकिन मैं उससे बाहर निकल चुका था।

मेरे लिए सबसे बड़ी बात यह थी कि मुझे मार्केट के गिरने की बिल्कुल भी भनक नहीं लगी थी। मुझे पता भी कैसे चलता। मैं तो हर समय बहुत दूर था। मैंने न तो कोई भविष्यवाणी सुनी थे, न ही मूलभूत सिद्धांत पढ़े थे और न ही कोई अफवाह सुनी थी। मैं तो बस अपने स्टॉक्स के व्यवहार की वजह से बाहर निकल गया था।

बाद में जब मैंने उन स्टॉक्स का अध्ययन किया, जिन्हें मैंने अपने आप बेच दिया था, मैंने पाया कि वे सब दरअसल आर्थिक मंदी के दौर की वजह से काफी नीचे गिर चुके थे। इस टेबल को देखिए :

शेयर का नाम	**1957**	**1958**	**1959**
	मैंने बेचा	**न्यूनतम मूल्य**	**अधिकतम मूल्य**
बाल्टीमोर एण्ड ओहियो	55	22 5/8	45 1/4
डे स्ट्रॉम	42 1/4	30	39 3/4
फॉस्टर व्हीलर	59 1/2	25 1/8	39 1/8
एयरोक्विप	27 1/2	16 7/8	25 3/4
एलीड कंट्रोल	48 1/4	33 1/2	46 1/2
ड्रेसर इंडस्ट्रीज़	54 1/2	33	46 5/8
ज्वॉय मैनूफैक्चरिंग	68	38	54 1/2
एलेगेनी लडलम	56 1/2	30 1/8	49 3/8

जब मैंने इस टेबल को देखा, तब मैंने यह सोचा : अगर मेरे स्टॉप-लॉस ने मुझे मार्केट से बाहर नहीं निकाला होता, तो मैं अपने निवेश का लगभग 50 प्रतिशत गँवा चुका होता। मैं उस इंसान की तरह होता जिसे उसकी संपत्ति के साथ पिंजरे में बंद कर दिया गया है और जो अपने भाग्य को बनाने का सुनहरा मौका खोता जा रहा है। जिस रास्ते से मैं बाहर निकल पाता, वह बुरी तरह तोड़ने वाला होता, जिसमें मैं 50 प्रतिशत नुकसान के साथ अपने को बर्बाद करके और भविष्य के सौदों के लिए अपने आत्मविश्वास को बुरी तरह से तोड़ चुका होता।

निश्चित रूप से मैं भी इन स्टॉक्स को खरीदकर भूल चुका होता। रूढ़िवादी निवेशक कहलाने वाले लोगों में यह आम समाधान है। पर आज मैं इन्हें पक्के जुआरी जैसा मानता हूँ। उन्हें जुआरी कैसे नहीं माना जाए, जब वे गिरते हुए एक स्टॉक को भी पकड़े बैठे रहे हैं ? जुआ नहीं खेलने वाले इंसान को उस समय बाहर निकल जाना चाहिए जब स्टॉक गिर रहे हों। उस समय भी वे एक जुआरी की तरह एक भाग्यशाली पत्ते की अनंत चाह में रुके रहते हैं।

मैं उन लोगों के बारे में सोचता रहा, जिन्होंने 1929 में न्यूयॉर्क सेन्ट्रल के लिए 250 दिए थे। अगर वे अब भी इसे रखे हुए हैं, तो इसकी कीमत 27 के करीब हो चुकी थी। इसके बावजूद अगर आप उन्हें जुआरी कहेंगे, तो वे बहुत क्रोधित होंगे।

इस जुआ न खेलने वाले मूड में जब मुझे सितम्बर, 1957 के पहले सप्ताह में अपना मासिक स्टेटमेंट मिला और मैं अपने खातों को देखने लगा, तो मैंने पाया कि जोन्स और लॉलिन में गँवाई हुई रकम मुझे वापस मिल गई है और मेरा 37,000 डॉलर का मूलधन सही-सलामत है। मेरे बहुत से सौदे औसतन सफल रहे, लेकिन कमीशन और टैक्स में काफी पैसा चला गया था।

जब मैंने अपने खातों की बारीकी से जाँच की तो मैंने पाया कि मैं इतिहास के सबसे बड़े बुल मार्केट से अपने बहुत सारे अनुभव, बड़ी तादाद में ज्ञान, अत्यधिक आत्मविश्वास और 889 डॉलर के कुल नुकसान के साथ ईर्ष्यारहित बाहर आया हूँ।

दो साल के नृत्य कार्यक्रम में विश्व–भ्रमण की वजह से डरवास, वॉल स्ट्रीट और अपने बीच संचार के साधन के रूप में केवल तारों के ज़रिए संपर्क साधने को बाध्य हो गए। अनेक असुविधाओं के संलग्न होने के बावजूद, निवेश तकनीकों के संयोग में यह महत्वपूर्ण तत्व साबित हुए जिसने स्टॉक मार्केट में उनकी निश्चित सफलता को प्रशस्त किया।

निम्न प्रस्तुतियाँ वास्तविक तारों की नकल हैं, जो यह दिखाती हैं कि कैसे वे विश्व के हर कोने से स्टॉक मार्केट के कार्य को संपन्न करते रहे। इनमें लेन–देन के विभिन्न चरणों के विशेष उदाहरण शामिल हैं।

एक बार जब डरवास ने अपने ब्रोकर को बता दिया कि वे कौन-कौन से स्टॉक्स को चाहते हैं, तो फिर नाम के केवल प्रारंभिक अक्षर डालने ही पर्याप्त थे। इन संदेशों की कोड भाषा ही तार-कार्यालय के कर्मचारियों के लिए अक्सर परेशानी का सबब बन जाती थी।

यहाँ दिया गया तार वह है जो उन्होंने कराची, पाकिस्तान में प्राप्त किया था, जिसमें लिखा था कि उनके ब्रोकर ने उनके कहे अनुसार एक 'ऑन-स्टॉप' खरीद का ऑर्डर दे दिया है। साथ ही साथ उस दिन की रुचि वाले अन्य स्टॉक्स के उच्च और निम्न मूल्यों की सूची दी गई है, जिनमें थियोकोल कैमिकल, पोलारोएड, यूनिवर्सल कंट्रोल और लिट्टन इंडस्ट्रीज हैं।

जब डरवास खरीदने का ऑर्डर देते थे, तो सामान्यतः वह स्टॉक का पूरा नाम दिया करते थे। नीचे वाले तार में, जिसे इंडोचाइना के नोम्पेन से भेजा गया, उन्होंने $7\frac{1}{4}$ के भाव से सन्को इंस्ट्रूमैन्ट्स के 500 शेयर और $31\frac{1}{4}$ के भाव पर लॉरीलॉर्ड के 200 शेयर का गुड-टिल-कैन्सिल्ड' का 'ऑन-स्टॉप' ऑर्डर प्रेषित किया। दोनों ही केस में उन्होंने ($6\frac{1}{8}$ और $29\frac{5}{8}$ का अलग-अलग) अपने आप लगने वाला 'स्टॉप-लॉस' लगा दिया, जैसा कि उनका अभ्यास था। साथ ही उन्होंने ब्रोकर को अपने बदले हुए पते के बारे में जानकारी दे दी और सैन्को, हर्ट्ज़, थियोकोल एवं लॉरीलॉर्ड के उस दिन के समाप्ति मूल्य की जानकारी माँगी।

THE TECHNICIAN: *Cables Round the World*

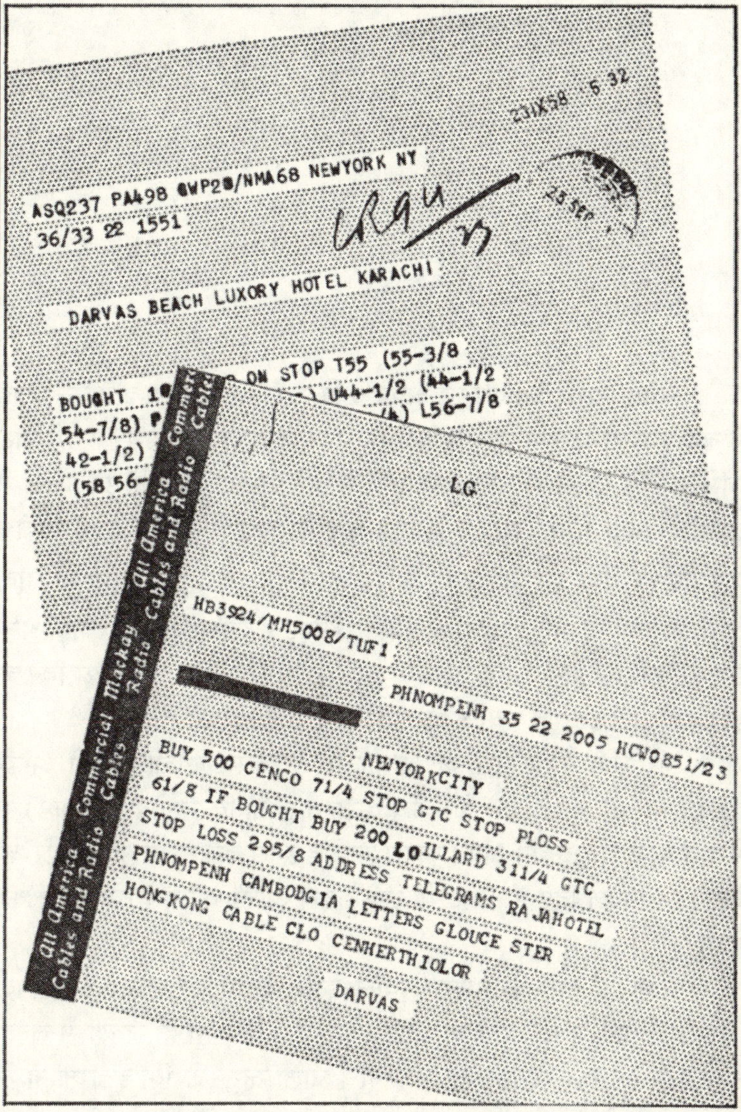

उनके खरीदे स्टॉक्स पर अपने आप स्टॉप-लॉस लगा होने की वजह से वह एक ही दिन में कई स्टॉक्स से अंदर-बाहर हो जाते थे। ऊपरी तार, जिसे उन्होंने पेरिस में प्राप्त किया, में उन्होंने बताया था कि उनके किसी स्टॉक के 500 शेयर खरीदे और फिर बाद में मूल्य गिरने की वजह से बेच दिए गए, क्योंकि उस पर $53\frac{7}{8}$ पॉइंट का स्टॉप-लॉस लगा हुआ था। एक अन्य खरीद की पुष्टि हुई और बोइंग लिट्टन इंडस्ट्रीज़ और कई अन्य स्टॉक्स का उस दिन का कोटेशन भेज दिया गया। अंतिम अंक उस दिन के डाऊ-जोन्स इंडस्ट्रीज़ एवरेज को संक्षिप्त रूप में दिखाते हैं।

हर रोज़ के कोट्स के आधार पर डरवास लगातार अपने ऑर्डर बदलते या रद्द करते रहते थे। बीच वाला तार, जो कि नागोया (जापान) से भेजा गया है, में उन्होंने अपने ब्रोकर को 'डाइनर्स क्लब' के पूर्व ऑर्डर को बढ़ाने के निर्देश दिए हैं। बाद में उन्होंने इस ऑर्डर को पूरी तरह रद्द कर दिया।

रोज़ के तारों के अलावा वॉल स्ट्रीट के साथ डरवास का संपर्क 'बैरन्स' के ज़रिए भी रहता था, जो कि प्रकाशन के साथ ही जल्दी से जल्दी उन्हें एयरमेल कर दिया जाता था। नीचे वाला तार, जो कि इंडोचाइना के सायगोन से भेजा गया है, उनकी इस प्रकाशन की नियमित प्राप्ति पर पूर्ण निर्भरता को बताता है।

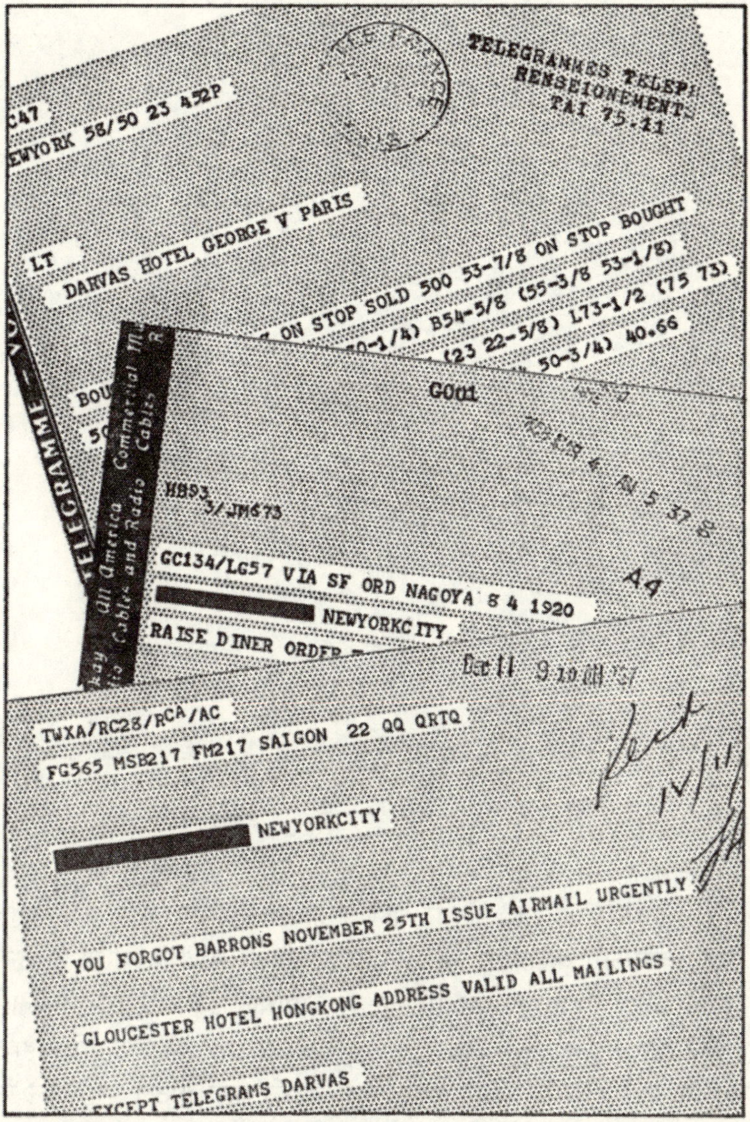
C47
EWYORK 58/50 23 452P
LT
DARVAS HOTEL GEORGE V PARIS
ON STOP SOLD 500 53-7/8 ON STOP BOUGHT
B54-5/8 (55-3/8 53-1/8)
(23 22-5/8) L73-1/2 (75 73)
50-3/4) 40.66
TELEGRAMME
All America Cables and Radio
Commercial Cables
HB93
3/JM673
GC134/LG57 VIA SF ORD NAGOYA 8 4 1920
NEWYORKCITY
RAISE DINER ORDER
TWXA/RC28/RCA/AC
FG565 MSB217 FM217 SAIGON 22 QQ QRTQ
NEWYORKCITY
YOU FORGOT BARRONS NOVEMBER 25TH ISSUE AIRMAIL URGENTLY
GLOUCESTER HOTEL HONGKONG ADDRESS VALID ALL MAILINGS
TELEGRAMS DARVAS

डरवास को यह भी डर था कि यात्रा के दौरान कभी कोई बहुत ज़रूरी जानकारी वाला तार जो कि तुरंत प्रतिक्रिया की माँग करता है, उन्हें मिलने से रह न जाए। इस समस्या का समाधान उन्होंने खोज़ निकाला। उन्होंने इस बात को समझा कि वे अपने ब्रोकर को तार की एक प्रति जहाज़ बदलने वाले एयरपोर्ट और दूसरी उनके ठहरने वाले होटल पर भेजने के लिए कह सकते हैं।

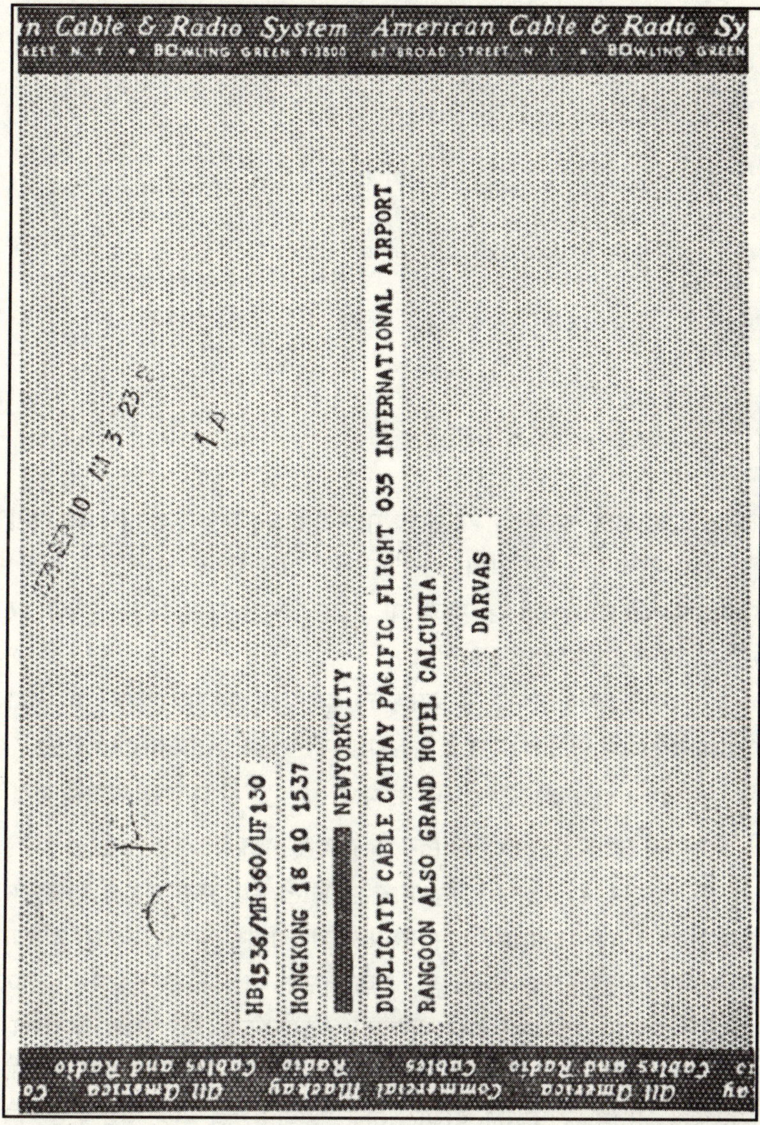
n Cable & Radio System American Cable & Radio Sy

HB1536/MH360/UF130
HONGKONG 18 10 1537
NEWYORKCITY
DUPLICATE CABLE CATHAY PACIFIC FLIGHT 035 INTERNATIONAL AIRPORT
RANGOON ALSO GRAND HOTEL CALCUTTA
DARVAS

All America Commercial Mackay All America
Cables and Radio Cables Radio Cables and Radio

एक ऑन-स्टॉप ऑर्डर से किसी स्टॉक की चाही गई पूरी क्वांटिटी (एक ही मूल्य पर) एक साथ 'बाय' हो जाए, ऐसा हमेशा संभव नहीं होता। मार्केट के अनुसार, निर्दिष्ट-मूल्य या उससे ऊपर भिन्न-भिन्न मूल्यों पर सौ-सौ के बंडल में खरीद होती है।

नेपाल के काठमांडू में प्राप्त किए हुए इस तार में डरवास का 500 पैरामीली ट्रांसपोर्टेशन की खरीद का ऑर्डर दो मूल्यों पर किया गया है 33½ के भाव पर 400 शेयर और 33¾ के भाव पर 100 शेयर। यह स्टॉक 34⅛ के भाव पर बंद हुआ और उस दिन के लिए इसका रेंज 34½-32⅝ था।

डरवास का कहना है कि हाथ से लिखे हुए अन्य संदेशों (जिसके लिए उन्हें भारतीय दूतावास फोन करना पड़ता था क्योंकि वहाँ बाहरी दुनिया से टेलीग्राफ-संपर्क का केवल यही एक जरिया था) की तुलना में यह तार सामान्य से अधिक स्पष्ट था। पारमेली, थियोकोल, यूनिवर्सल कंट्रोल्स, केयरचाइल्ड कैमरा और लिट्टन इंडस्ट्रीज़ के उस दिन के कोट काफी स्पष्ट थे। अंतिम स्टॉक को डरवास अब पहचान नहीं पाए, यद्यपि उन्होंने उस समय इसे पहचान लिया होगा।

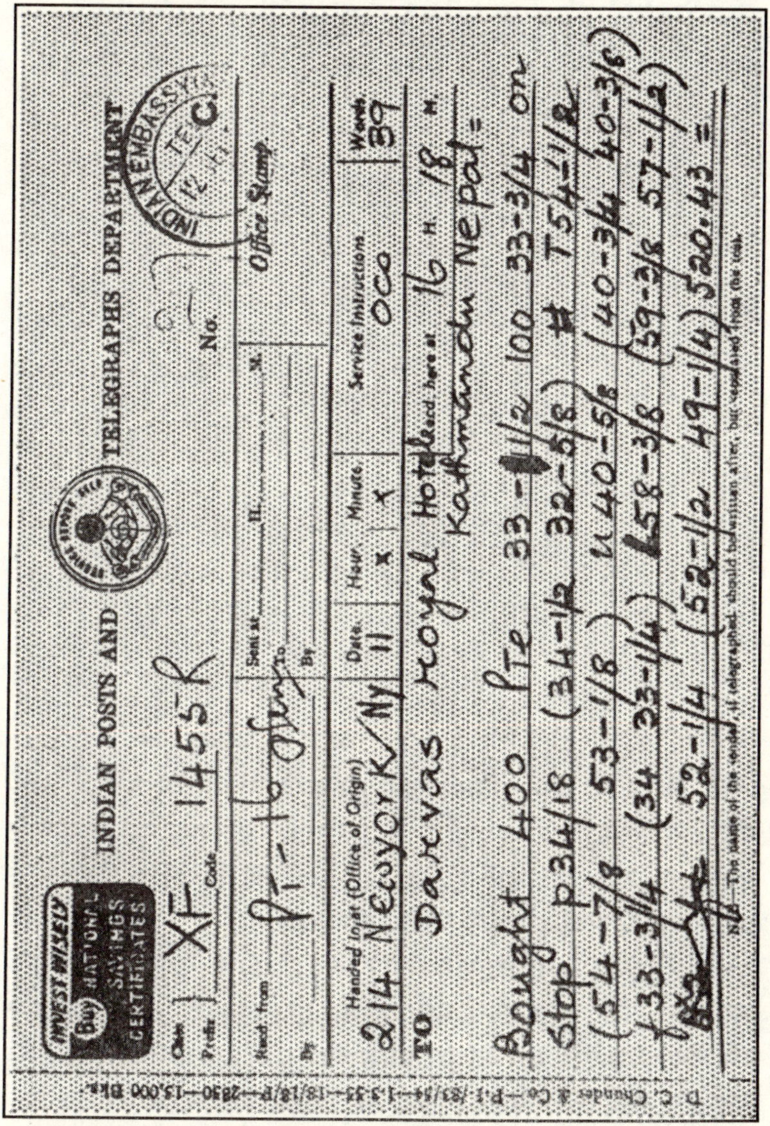

INDIAN POSTS AND TELEGRAPHS DEPARTMENT

INVEST WISELY Buy NATIONAL SAVINGS CERTIFICATES

Prefix XF Code 1455 R

Recd. from Pi-to ... To

Handed in at (Office of Origin) 214 NEWYORK/NY | Date 11 | Hour x | Minute x | Service Instructions OCO | Words 39

TO Darevas Royal Hotel Kathmandu Nepal =

Bought 400 PTE 33-1/2 100 33-3/4 on Stop P34/18 (34-1/2 32-5/8) # T54-1/8 (54-7/8 53-1/8) N40-5/8 (40-3/4 40-3/8) F33-3/4 (34 33-1/4) G58-3/8 (59-3/8 57-1/2) 52-1/4 (52-1/2 49-1/4) 520.43 =

Office Stamp: INDIAN EMBASSY

N.B.—The name of the sender, if telegraphed, should be written after, but not detached from, the text.

D. C. Chandes & Co—P.1/83/54—1.3.55—18/18/P—2850—15,000 Bks.

बैरन्स में अंकित किसी खास स्टॉक के मूवमेंट से डरवास उसमें रुचि लेने लगते थे। लेकिन चूँकि इस प्रकाशन के उन तक पहुँचने में बहुत समय लग जाता था, इसलिए उन्हें उस स्टॉक की वर्तमान गतिविधियों के बारे में तार से ताजा जानकारी चाहिए होती थी।

हाँगकाँग में पहली बार उन्होंने एक छोटी-सी कंपनी के स्टॉक में असामान्य ट्रेडिंग पर ध्यान दिया। वहीं से उन्होंने निवेदन करता हुआ एक तार भेजा- "इ.एल. ब्रूस का इस सप्ताह का रेंज और क्लोज़िंग मूल्य"। तब उन्हें इस बात का भान नहीं हुआ कि विशुद्ध इस स्टॉक को तकनीकी कारणों से छाँटना उन्हें लगभग तीन लाख डॉलर का मुनाफा देने वाला था।

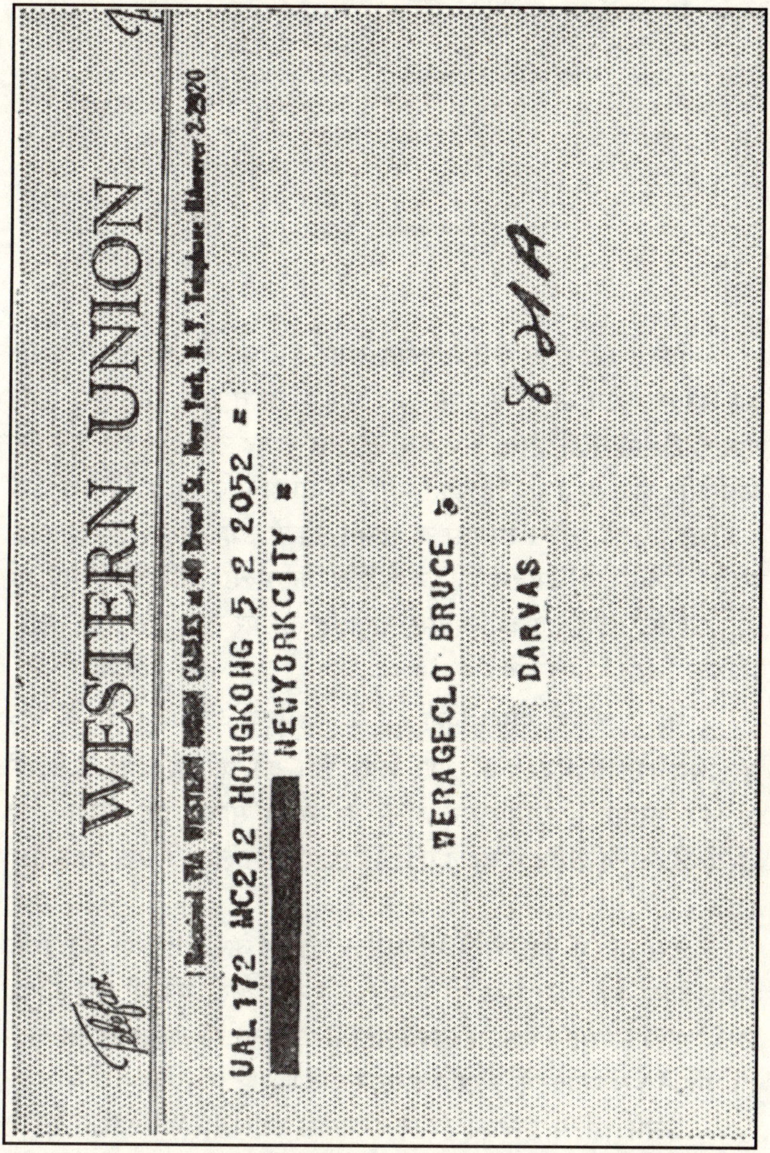

WESTERN UNION

UAL172 MC212 HONGKONG 5 2 2052 =

NEWYORKCITY =

WERAGECLO BRUCE =

DARVAS

किसी स्टॉक के रोज़ के कोट अगर डरवास को यह दर्शाते थे कि वह उनकी थ्योरी के ही अनुसार चल रहा है, तो वे सामान्यतः उसे पहले एक छोटी-सी क्वांटिटी में सेंपल के तौर पर खरीद लेते थे। जब वे स्टॉक को खरीद लेते थे, तभी उन्हें सही मायने में समझ में आता था कि वह कैसे मूव कर रहा है। चूँकि डरवास के ब्रोकर को ये स्पष्ट निर्देश थे कि उनके सभी 'ऑन-स्टॉप' ऑर्डर्स को 'गुड-टिल-कैन्सिल्ड' नीति के आधार पर ही रखा जाए, इसलिए वह अक्सर नमूने के तौर पर खरीद के लिए विशेष 'दैनिक ऑर्डर' डालते थे।

नई दिल्ली से प्रेषित किए हुए ये कुछ शब्द, जिनमें 47¼ के भाव पर थियोकेल कैमिकल के 200 शेयर लेने की बात की गई है, आगे चलकर लगभग एक मिलियन डॉलर के बराबर साबित हुए। अंततः यह छोटी-सी नमूना खरीद में बदल गई। 10,00,000 डॉलर की स्पष्ट बिकवाली हुई।

इस तार में डरवास ने यूनिवर्सल प्रॉडक्ट के ऑर्डर को बढ़ाने का निर्देश दिया था, किंतु तुरंत ही उन्होंने इसे रद्द करने को भी कह दिया। उन्हें लगा कि समय अभी परिपक्व नहीं है। वास्तव में चार हफ्तों के अंदर ही उन्होंने इस स्टॉक के 3,000 शेयर खरीदे।

इसमें अंतिम निवेदन ईस्टर्न स्टेनलेस स्टील के पूर्व सप्ताह के रेंज के बारे में हैं।

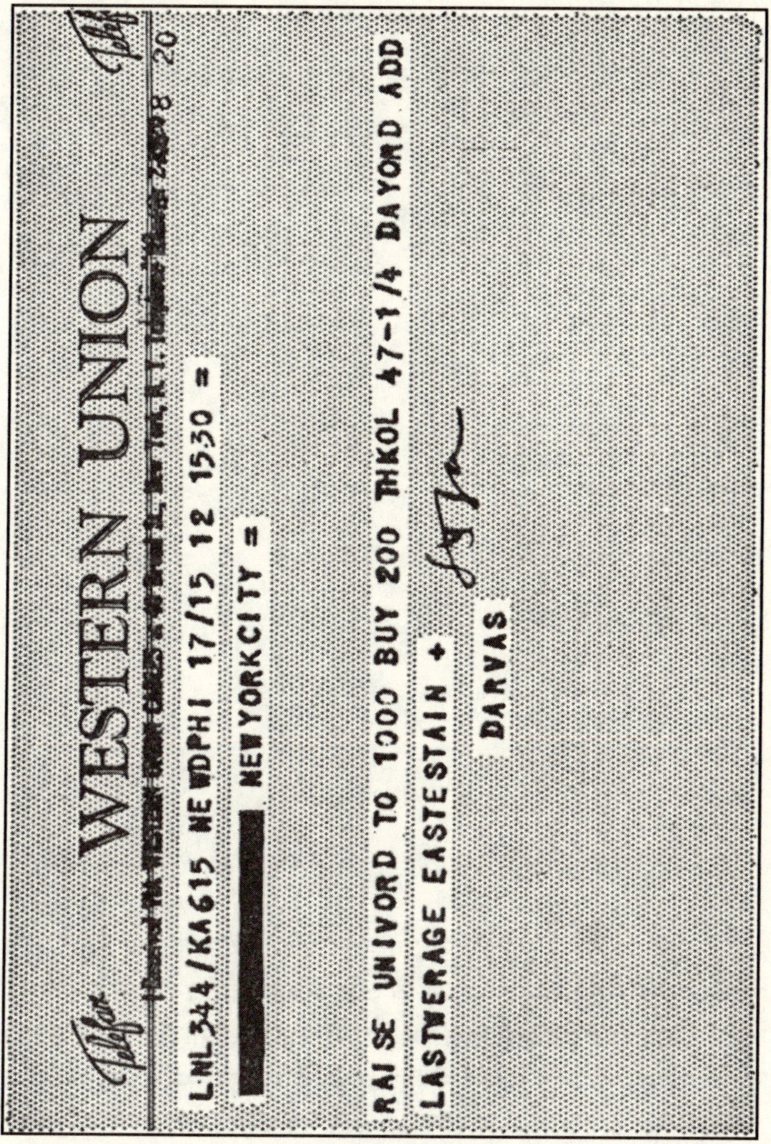

WESTERN UNION

LNL344/KA615 NEWDPHI 17/15 12 1530 =

NEWYORKCITY =

RAISE UNIVORD TO 1000 BUY 200 THKOL 47-1/4 DAYOND ADD

LASTWERAGE EASTESTAIN +

DARVAS

एक स्टॉक में नमूना खरीद के बाद यदि डरवास का अपेक्षित मूल्य लगातार एक-सा ही रहता था, तो वे और अधिक खरीद लेते थे।

जापान के कोबे से भेजे इस तार में उन्होंने लॉरीलॉर्ड के और 200 शेयर खरीदने के लिए अपना तीसरा ऑर्डर भेजा। इस स्टॉक की खरीद ने उनके निवेश के पिरामिड में कोने के पत्थर का काम किया जिस पर अगले अठारह महीनों में उन्होंने 20,00,000 डॉलर कमाए।

RCA/TWXC9 2J FB4372

JR XT2797

KT1275/GK609 VIA SF KOBE 27 2 1844

[blacked out] NEWYORKCITY

BUY 200 LORILLARD 36-1/2 CONTINUE LAST WEEKS CABLES ALL WEEK

STOP NEW CABLE ADDRESS KYOTO HOTEL KYOTO JAPAN STOP MAILING ADDRESS

REMAINS NIKKATSU

DARVAS

END

SENT 920AM EST ,

REC OK THNX

पूँजी बढ़ने और डरवास के किसी एक स्टॉक के बारे में निश्चित होने के साथ ही उसमें उनका निवेश भी बढ़ता गया। यूनिवर्सल प्रॉड्क्टस के 35¼ के भाव पर 300 शेयर की नमूना खरीद के बाद डरवास इस कम पहचाने जाने वाले स्टॉक के वर्तमान मूवमेंट से संतुष्ट थे और उन्होंने इसी के 1200 शेयर दोबारा खरीदे।

इस तार में बताया गया है कि उनका 'ऑन-स्टॉप' ऑर्डर 36½ के दिए गए मूल्य पर पूरा कर दिया गया है। साथ ही इस तार में यूनिवर्सल का उस दिन का रेंज और बंद होने का मूल्य दिया गया है।

इसमें हम्बल ऑयल, ईस्टर्न स्टेनलेस स्टील, लिट्टन इंडस्ट्रीज़, थियोकोल और फेयरचाइल्ड कैमरा भी कोट किए गए हैं। अंतिम स्टॉक के लिए 28 लिखा गया है। 3.58 डाऊ-जोन्स के एवरेज 503.58 के लिए हैं।

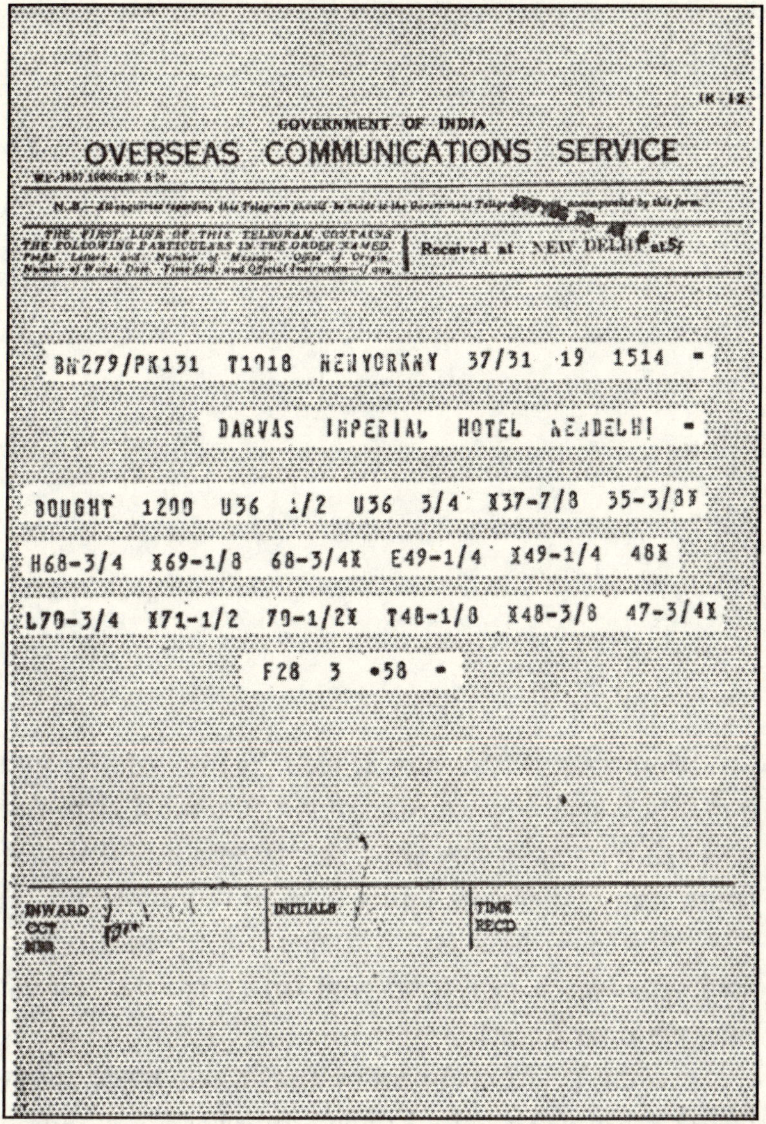

GOVERNMENT OF INDIA

OVERSEAS COMMUNICATIONS SERVICE

THE FIRST LINE OF THIS TELEGRAM CONTAINS THE FOLLOWING PARTICULARS IN THE ORDER NAMED. Prefix. Letters and Number of Message. Office of Origin. Number of Words. Date. Time filed, and Official Instructions—if any.

Received at NEW DELHI

BN279/PK131 T1918 NEWYORKNY 37/31 19 1514 =

DARVAS IMPERIAL HOTEL NEWDELHI =

BOUGHT 1200 U36 1/2 U36 3/4 X37-7/8 35-3/8X

H68-3/4 X69-1/8 68-3/4X E49-1/4 X49-1/4 48X

L70-3/4 X71-1/2 70-1/2X T48-1/8 X48-3/8 47-3/4X

F28 3 •58 =

INWARD CCT NBR

INITIALS

TIME RECD

किसी स्टॉक में निवेश करने के बाद मि. डरवास स्टॉक का मूल्य बढ़ने के साथ अपने स्टॉप-लॉस को आगे ले जाने के बारे में हमेशा बहुत सतर्क रहते थे। स्टॉक के मूल्य और उनके स्टॉप-लॉस पॉइंट में बहुत ही लचीला संबंध था, क्योंकि यह विभिन्न कारणों पर निर्भर करता था।

अप्रैल, 1958 की शुरुआत में वे हाँगकाँग में थे, जब वे 'डाइनर्स क्लब' के व्यवहार से बहुत ही परेशान हो गए थे। यह स्टॉक अभी तक समान गति से बढ़ रहा था।

इस तार के ज़रिए उन्होंने डाइनर्स क्लब से पर्याप्त मुनाफा कमाकर निकलने के लिए बहुत ही करीब का स्टॉप-लॉस लगाया हुआ था, जब इस स्टॉक ने अचानक एक कठिन मोड़ लिया और नीचे गिरने लगा।

RADIOGRAM VIA GLOBE

MNA376/CWG162/PT HONGKONG VIA GLOBE 10/9 2 2024

NEWYORKCITY

STOPLOSS 500 DINER 36-3/8

500 36-1/4

DARVAS

टेक्नो-फंडामेंटलिस्ट

अध्याय : छह

बेबी बियर मार्केट के दौरान

बेबी बियर मार्केट के दौरान एक भी शेयर न होने के कुछ हफ्तों के बाद मैंने परिस्थिति का सूक्ष्म जायज़ा लेने का निर्णय लिया। इसको स्पष्ट रूप से समझने के लिए मैंने दो बाज़ारों की तुलना की।

तब मुझे बुल मार्केट ऐसा लगा जैसे आजीवन धावकों से भरा हुआ एक ग्रीष्मकालीन कैंप लगता है, लेकिन मुझे यह याद रखना था कि कुछ स्टॉक्स दूसरों की तुलना में अधिक दमदार थे। बियर मार्केट? अब यह ग्रीष्मकालीन कैंप एक अस्पताल में बदल चुका था। इसमें ज़्यादातर स्टॉक्स बीमार थे, लेकिन कुछ दूसरों की तुलना में अधिक बीमार थे।

जब बाज़ार टूटा तो ज़्यादातर स्टॉक्स भी आहत हुए या कहें कि टूट गए। अब यह सोचने की बात थी कि स्टॉक्स कितने बीमार हैं और उनकी बीमारी कब तक चलने वाली है।

मैंने हिसाब लगाया कि अगर एक स्टॉक 100 से 40 पर गिर जाता है, तो वह निश्चित ही फिर से उसी ऊँचाई पर अधिक लंबे समय तक नहीं जा सकता। उसकी स्थिति उस धावक की तरह होगी जो अपने बुरी तरह घायल पैर के साथ फिर पहले की तरह दौड़ने-कूदने से पहले ठीक होने के लिए लंबा समय लेता है। अब मेरे दिमाग में कोई संशय नहीं था कि किसी स्टॉक को खरीदकर उसके आगे बढ़ने की तथा बेचकर धन कमाने की उम्मीद बेमानी थी। जोन्स एण्ड लॉलिन मुझे यह सबक दे चुका था। मुझे याद है कि किस तरह से मैं इस स्टॉक के ऊपर चढ़ने के लिए उत्सुक होता था। यह एक बहुत ही सामान्य-सी मानवीय भावना थी, लेकिन इस भावना का इस स्टॉक के मार्केट पर उतना ही प्रभाव पड़ता था जितना कि किसी

घुड़दौड़ पर उसे देखने वाले दर्शकों की भावनाओं का होता है। जिस घोड़े को जीतना है, वह जीतेगा ही चाहे हज़ारों दर्शक किसी दूसरे घोड़े के लिए प्रोत्साहित कर रहे हों।

अब वही हो रहा था। मुझे पता था कि अगर मैं कोई शेयर खरीदता हूँ और गलत साबित होता हूँ, तो दुनिया की सारी प्रसन्नता और ज़ोर उसके मूल्य को आधा पॉइंट भी नहीं बदल सकते और ऐसी कोई बात कही नहीं जा रही थी कि मार्केट कितना गिर सकता है। मुझे यह ट्रेंड पसंद नहीं आया लेकिन मुझे पता था कि इसके विरुद्ध लड़ाई बेकार है।

इन परिस्थितियों में मुझे जॉर्ज बर्नार्ड शॉ का वह कथन याद आया, जो उन्होंने अपने एक नाटक के उद्‌घाटन की रात को कहा था। जब पर्दा गिरा तो एक आदमी के अलावा सभी ने ताली बजाई और वाह-वाह की। बर्नार्ड शॉ उसके पास गए और पूछा, "क्या तुम्हें मेरा नाटक पसंद नहीं आया?"

उस व्यक्ति ने जवाब दिया "नहीं, मुझे नहीं आया"। तब शॉ ने कहा – "मुझे भी नहीं आया, लेकिन इस भीड़ के विरोध में हम दो क्या कर सकते हैं?"

इसलिए जो था उसे मैंने भी स्वीकर कर लिया-वह नहीं जो मैं उसे देखना चाहता था। मैं किनारे पर खड़ा रहकर अच्छा समय आने की प्रतीक्षा करने लगा।

मैंने दृढ़ता से ट्रेड करने के मना कर दिया-इतनी दृढ़ता से किया कि मेरे ब्रोकर ने मुझे लिखकर इसका कारण पूछा। मैंने एक चुटकुले के द्वारा यह बात उसे समझाने की कोशिश की:"यह तो चिड़ियों का बाज़ार है। मुझे चिड़ियों के बाज़ार में रुकने का कोई कारण दिखाई नहीं देता।"

इसके बाद जो समय निकला वह मैंने ऐसे बिताया जैसे एक धावक रेस के लिए अपने को तैयार कर रहा हो। सप्ताह दर सप्ताह, जब मेरे पास कोई स्टॉक नहीं थे और मार्केट लगातार नीचे की तरफ जा रहा था, मैंने 'बैरन्स' के कोटेशन्स का अनुसरण किया। मैंने उन स्टॉक्स को ढूँढ़ने की कोशिश की जो गिरावट के विरुद्ध खड़े थे। मैंने हिसाब लगाया कि अगर ये

बहाव के विरुद्ध तैर सकते हैं, तो ये बहाव के बदलने पर तो और तेज़ी से आगे जाएँगे।

कुछ समय बाद, जब मार्केट के शुरुआती दौर का असर खत्म हुआ तब मुझे मौका मिला। कुछ स्टॉक्स गिरावट के ट्रेंड से अलग खड़े थे। ये भी गिरे, लेकिन जब ज़्यादातर स्टॉक्स सामान्य मार्केट के ट्रेंड का अनुसरण करके गिर रहे थे, ये स्टॉक्स इसके विरुद्ध खड़े थे। मैं इनके विरोध को महसूस कर पा रहा था।

अधिक नज़दीक से विश्लेषण करने पर मैंने पाया कि इनमें से ज़्यादातर वे कंपनियाँ हैं जिनकी कमाई का ट्रेंड तेज़ी से ऊपर की तरफ है। निष्कर्ष बिल्कुल स्पष्ट था कि इतने बुरे मार्केट में भी पूँजी इन स्टॉक्स में प्रवाहित हो रही थी। यह पूँजी कमाई में बढ़ोतरी के पीछे ऐसे जा रही थी, जैसे कुत्ता किसी गंध का पीछा करता है। इस खोज ने मेरी आँखों के सामने एक बिल्कुल नया दृश्य उपस्थित कर दिया।

मैंने देखा कि यह सच है कि स्टॉक्स धन कमाने की शक्ति के गुलाम होते हैं। परिणामस्वरूप मैंने निर्णय लिया कि स्टॉक्स की मूवमेंट के पीछे चाहे जितने भी कारण हों, मैं केवल उन्हीं स्टॉक्स को देखूँगा जिनकी कमाई में बढ़ोत्तरी हो रही हो, या ऐसा होने की आशा हो। ऐसा करने के लिए मैं अपनी फंडामेंटल तथा तकनीकी अप्रोचों का गठबंधन करने को तैयार था। अब मैं अपनी तकनीकी पकड़ के आधार पर मार्केट से स्टॉक का चुनाव करूँगा, लेकिन मैं उन्हें तभी खरीदूँगा जब मैं ऐसा करने के लिए धन-अर्जन में बढ़ोतरी को फंडामेंटल कारण की तरह ही पेश कर सकूँगा।

इस तरह से मैं अपने टेक्नो-फंडामेंटलिस्ट सिद्धांत तक पहुँच पाया, जिसे मैं आज भी इस्तेमाल में ला रहा हूँ।

इस सिद्धांत को प्रयोग में लाने के लिए, मैंने 20 साल तक की दृष्टि रखने का फैसला किया। इसका मतलब यह नहीं था कि मैं एक स्टॉक को 20 साल तक रखना चाहता था। यह मेरे इरादों के ठीक विपरीत था। पर मैंने उन स्टॉक्स को ढूँढ़ा जो भविष्य से जुड़े हुए थे और जहाँ मुझे यह उम्मीद थी कि कंपनी के नए क्रांतिकारी उत्पाद उसकी आय को बहुत बढ़ा देंगे।

ऐसे उद्योग स्पष्ट रूप से दिखाई दे रहे थे, जैसे इलेक्ट्रॉनिक, मिसाइल, रॉकेट ईंधन। ये तेज़ी से बढ़ रहे थे। ये शिशु-उद्योग थे और जब तक कुछ असंभावित नहीं घटता इनका विस्तार मार्केट में जल्दी ही प्रतिबिंबित होने वाला था। स्टॉक मार्केट में मेरे शोधों से मुझे पता था कि मूलभूत सिद्धांतों से चलने वाले भविष्य के स्टॉक्स, वॉल स्ट्रीट में हमेशा अच्छे रहते हैं। ऑटोमोबाइल युग आने से पहले के सालों में स्मार्ट ऑपरेटर्स रेलरोड की तरफ झुक गए थे, क्योंकि उन्हें पता था कि ये स्टेज कोच और कवर्ड वैगन से आगे निकल जाएँगे। एक पीढ़ी या उसके बाद बुद्धिमान निवेशक रेलरोड से बाहर निकलकर ऑटोमोबाइल में आ गए। आगे बढ़ने और विस्तार करने वाली कंपनियाँ जैसे जनरल मोटर्स और क्रिसलर उस समय तुलनात्मक रूप से छोटी कंपनियाँ थीं। उस समय जिन लोगों ने इन्हें खरीदा और इनके विस्तार के दौरान इनके साथ रुके रहे, उन्होंने बहुत पैसा कमाया। अब ये अच्छी तरह से स्थापित स्टॉक हैं। ये आगे की ओर जाने वाले सट्टेबाज़ के लिए नहीं हैं।

मैंने तर्क लगाया कि आज भी वही सब है। अच्छे भविष्य के सामान्य सिद्धांत पर ऐसे स्टॉक्स जो भविष्य में प्रगतिशील विकास का वादा करते हैं, आगे चलकर ज़रूर दूसरों से बेहतर प्रदर्शन करेंगे। एक अच्छा स्टॉक जो जैट युग में कदम मिलाकर चल सकता है, अगले 20 सालों में 20 गुना बढ़ोतरी के बराबर होगा।

मुझे मालूम था कि इस तरह के स्टॉक्स में एक निश्चित फैशन चलता है, बिलकुल वैसा ही जैसा स्त्रियों के कपड़ों में चलता है और सफलता पाने के लिए मुझे फैशनेबल स्टॉक की खोज़ करना ज़रूरी था।

जैसे महिलाओं के फैशन बदलते हैं, वैसे ही स्टॉक्स के फैशन भी बदलते हैं। महिलाएँ अपने कपड़ों की लंबाई को हर दो-तीन साल में घटा या बढ़ा लेती हैं।

स्टॉक्स के साथ भी वही होता है। जब तक इनका फैशन रहता है, दूरदर्शी निवेशक उन्हें लेते हैं और उनमें रुके रहते हैं। फिर धीरे से फैशन चला जाता है और वे बाहर हो जाते हैं। वे अपना धन नए तरह के स्टॉक में

लगा देते हैं। मुझे मालूम था कि मुझे फैशन के इन बदलावों को उत्सुकता से अभी देखना है, नहीं तो मैं पुराने स्टॉक्स के साथ ही फँसा रह जाऊँगा। जबकि नए स्टॉक्स परिवर्तन दिखा रहे होंगे। अगर मैं बहुत सतर्क नहीं रहता तो मैं किसी संवेदनशील युग से वंचित रह जाता।

यह सब कोई मज़ाक की बात नहीं है। जैसे एक काल्पनिक उत्पाद को ही ले लीजिए, मान लीजिए कोई कार जो उड़ भी सकती हो। हर कोई उस कंपनी के स्टॉक के पीछे भाग रहा है। दूसरी तरफ ऑरिगन में दो व्यक्ति हैं, जो इससे भी बेहतर तकनीक पर काम कर रहे हैं।

एक बार यह बेहतर तकनीक बाज़ार में आने के लिए तैयार हो जाएगी और उसे संभालने के लिए एक कंपनी बना ली जाएगी, तो निश्चित ही उड़ने वाली वास्तविक कार पीछे रह जाएगी। इसके स्टॉक गिरने शुरू हो जाएँगे। यह पुराने फैशन की हो जाएगी।

यह अति साधारणीकरण है और समस्या को हल नहीं करता : इस साल के फैशन का क्रय कैसे किया जाए? मैं यह तभी कर सकता हूँ, जब मैं इसको पहचानने के लिए मार्केट पर नज़र रखता रहूँ। अगर मार्केट एक फैशन से हट रहा है तो उसकी जगह लेने के लिए कोई न कोई फैशनेबल स्टॉक ज़रूर तैयार हो रहा होगा। अब मुझे ऐसे स्टॉक ढूँढ़ने थे, जो ऊपर उठने वाले हों क्योंकि ये ही लोगों की भविष्य की सोच में हलचल पैदा करते हैं।

इस सोच के आधार पर मैं जेट युग के साथ कदम मिलाकर बढ़ने वाले स्टॉक्स के स्टॉक मार्केट कोटेशन्स पर अच्छे से नज़र रखने लगा। मुझे कंपनी के व्यक्तिगत उत्पादों में रुचि नहीं थी, चाहे वह रॉकेट के लिए धातु हो, ठोस ईंधन या अत्याधुनिक इलेक्ट्रॉनिक उपकरण हों। मैं तो यह भी नहीं जानना चाहता था कि वे क्या बनाते हैं। यह जानकारी मेरे लिए अवरोध उत्पन्न कर सकती थी। मुझे तो बस कंपनी के उत्पादों की उतनी ही परवाह थी, जितनी कि बोर्ड चेयरमैन की पत्नी के सुंदर होने की होती है, लेकिन मैं यह अवश्य जानना चाहता था कि क्या कंपनी किसी उभरते हुए संभावनाशील उद्योग का हिस्सा थी और क्या वह मेरी अपेक्षाओं के अनुरूप मार्केट में चल

रही है।

यद्यपि यह रूढ़िवादी पृष्ठभूमि से जुड़े कई वित्तीय लेखकों की नसीहतों के बिलकुल उल्टा था, जो कई पीढ़ियों से अपने निवेशकों को ठोक-पीटकर यह कहते आ रहे थे कि बुद्धिमत्तापूर्ण निवेश के लिए कंपनी की रिपोर्ट और बैलेंस शीट ज़रूर पढ़नी चाहिए, जितना हो सके किसी स्टॉक की पृष्ठभूमि की जानकारी ले लेनी चाहिए।

मैंने निर्णय ले लिया कि वह मेरे लिए नहीं है। किसी कंपनी की रिपोर्ट और बैलेंस शीट उसके भूत और वर्तमान के बारे में बता सकती है। वे भविष्य के बारे में नहीं बता सकतीं। इसी कारण से मुझे अपनी योजनाओं पर ही ध्यान देना था। मैंने शांति से यह भी समझा कि बस यही और यही मेरा उद्देश्य है। मैं तो मुनाफा कमाना चाहता था। डिवीडेंड की कमाई पर चलने वाली विधवा को दूसरी तरह से सोचना पड़ता है।

दुनिया भर में घूमने के दौरान मैं लगातार उन स्टॉक्स की खोज करता रहा जो वायुमण्डल से भी ऊपर जाने की शक्ति रखते हों क्योंकि उसमें भविष्य की संभावना होती है। यह अवधारणा एक तरह से उसकी तैयारी थी, जिसे आप हाई-टैरिटेरी ट्रेडिंग कह सकते हैं। मैं ऐसे स्टॉक्स को खोजता रहा, जो मेरी समझ में नई ऊँचाइयों को छूने वाले थे और मैंने निर्णय लिया कि जब ये लांचिंग पैड़ पर चढ़ चुके हों और उड़ान भरने को तैयार हों तभी मैं इन पर अपना पूरा ध्यान लगाऊँगा। तब ये स्टॉक पहले से अधिक महँगे हो चुके होंगे और शुरुआत करने वाले को काफी महँगे लगेंगे, लेकिन निश्चय ये अभी और महँगे हो सकते हैं। मैंने अपने दिमाग को महँगा खरीदने और महँगा बेचने के लिए तैयार कर लिया।

अपनी मेहनत से कमाई हुई सीख से मैं महँगे, लेकिन सस्ते, तेज़ गति वाले स्टॉक्स को पूरी लगन से ढूँढ़ने की कोशिश करने लगा। मैंने इनकी लगातार खोज़ की क्योंकि मुझे पक्का लगता था कि ये मार्केट के सुधरते ही ऊपर जाने वाले स्टॉक्स में सबसे पहले होंगे।

मैं लगभग एक दर्जन स्टॉक्स पर ध्यान से नज़र रखने लगा जो इस श्रेणी में आते हुए लग रहे थे। हर सप्ताह उनके कोटेशन देखता, उनके

व्यवहार का विश्लेषण करता कि कहीं मज़बूती दिखाई दे।

मैं बारीकी से उनके मूल्यों की गतिविधि देखता रहता। साथ ही मैं किसी भी असामान्य गतिविधि पर भी सतर्क हो जाता था। मैं 'वॉल्यूम' का महत्व भूल गया था।

मैंने अपने को उच्च-मूल्य स्टॉक्स में काम करने के लिए तैयार कर लिया। इसका कारण ब्रोकरेज कमीशन था। जब मैंने कमीशन मूल्यों का परीक्षण किया, तो मैंने पाया कि 10 डॉलर के स्टॉक की अपेक्षा 100 डॉलर के स्टॉक में 10,000 डॉलर निवेश करना सस्ता है। ऐसा क्यों है, देखिए :

मान लीजिए मैं एक स्टॉक में 10,000 डॉलर निवेश करना चाहता हूँ। मैं इसे कई तरह से कर सकता हूँ। उदाहरण के लिए मैं खरीद सकता हूँ :

10 डॉलर स्टॉक के 1,000 शेयर्स

या

20 डॉलर स्टॉक के 500 शेयर्स

या

100 डॉलर स्टॉक के 100 शेयर्स

न्यूयॉर्क स्टॉक एक्सचेंज की कमीशन दरें इस प्रकार हैं :

स्टॉक मूल्य	**कमीशन प्रति 100 शेयर**
1 डॉलर	6 डॉलर
5 डॉलर	10 डॉलर
10 डॉलर	15 डॉलर
20 डॉलर	25 डॉलर
30 डॉलर	30 डॉलर
40 डॉलर	35 डॉलर
50 डॉलर	40 डॉलर
100 डॉलर	45 डॉलर

10,000 डॉलर निवेश करने के लिए मुझे चुकाने पड़ेंगे (खरीदने व बेचने के लिए) इतने डॉलर :

10 डॉलर स्टॉक के संदर्भ में....................300 डॉलर

20 डॉलर स्टॉक के संदर्भ में....................250 डॉलर

100 डॉलर स्टॉक के संदर्भ में....................90 डॉलर

अगर मेरा क्रय बिन्दु सही है, तो ब्रोकर का कमीशन इतना महत्व नहीं रखता। वह तो मेरे मुनाफे से आ जाएगा, लेकिन यदि मेरा खरीदने का समय सही नहीं है और मैं बाहर ही रोक दिया गया हूँ (स्टॉक आऊट), तो वह अलग मामला है। फिर दोनों कमीशन, (क्रय और विक्रय) मेरी हानि में जुड़ जाएँगे। तो देखिए, मेरी गलतियाँ मेरे खरीदे हुए उच्च मूल्य के स्टॉक्स में कम महँगी पड़ेंगी।

जैसे मैं मार्केट को डूबते हुए देख रहा था, मुझे पता था कि यह पूरी तरह से नहीं डूब सकता। देर-सबेर स्टॉक ऊपर चढ़ने ही लगेंगे। हमेशा से यही हुआ है। बियर मार्केट ने हमेशा ही बुल मार्केट का अनुसरण किया है। शिक्षित कला तो यही थी कि प्रथम चिन्ह का ध्यान रखा जाए, उनकी सच्चाई को परखा जाए और दूसरों के ध्यान देने से पहले और मूल्य बहुत ऊँचे होने से पहले ही खरीद लिया जाए।

मेरा दिमाग वाटरलू के युद्ध की तरफ चला गया। इस प्रसिद्ध युद्ध में रोथशिल्ड का एक एजेंट था जो युद्ध में विजय निश्चित हो जाने पर लंदन के लिए निकल पड़ा और रोथशिल्ड को यह सूचना दी। किसी और तक खबर पहुँचने से पहले रोथशिल्ड ब्रिटिश सरकार के ज़्यादा से ज़्यादा शेयर को खरीदने में जुट गया। जब तक लोगों ने इसे खरीदा यह ऊँचाई पर था और रोथशिल्ड ने बहुत मुनाफा कमाया। आज भी वॉल स्ट्रीट में यही सिद्धांत काम करता है। सूचनाएँ आज तेज़ी से फैलती हैं, लेकिन प्राचीन कला आज भी वही है कि दूसरे से अधिक तेज़ हो जाओ।

इस स्थिति के लिए मैंने अपने आपको पाँच साल तक प्रशिक्षित किया था। मुझे मालूम था कि मैं काफी सीख चुका हूँ। मेरे कैनेडियन काल ने मुझे सिखाया कि जुआ नहीं खेलना है : मेरे फंडामेंटलिस्ट काल ने मुझे

उद्योग समूहों और उनकी आय के ट्रेंड्स के बारे में सिखाया; मेरे तकनीकी काल ने मुझे बताया कि प्राइम-एक्शन और स्टॉक्स की तकनीकी स्थिति की किस तरह व्याख्या करते हैं और अब मैं इन टुकड़ों को आपस में जोड़कर अपने आपको शक्तिशाली बना पाया हूँ। यह जोड़-जोड़कर बनाए जाने वाले उस जिग्सॉ पज़ल की तरह है जिसमें अंतत: सारे टुकड़े बहुत सुंदरता से अपनी जगह ले लेते हैं। मुझे पूरा विश्वास था कि भविष्य में यह तरीका सफल सिद्ध होगा। मार्केट का रुख बदलने का इंतज़ार करने में आत्म का रुख बदलने का विश्वास और शांति महसूस कर रहा था।

कुछ महीनों के बाद मैं जिस चीज़ का इंतज़ार कर रहा था वह होनी शुरू हो गई। बैरन्स को पढ़कर मुझे यह जानकारी मिली कि जहाँ औसत स्टॉक्स कुछ महीनों से चली आ रही गिरावट अभी भी दिखा रहे थे, कुछ स्टॉक्स उठने शुरू हो गए थे। ये इतने छिपे हुए थे जैसे किसी जाड़े की सुबह में एक पीले गुलाब की कली होती है। यह प्रश्न अभी भी था कि ये कोमल नई कलियाँ बनी रहेंगी या पाले से मर जाएँगी। लेकिन जब मैंने इस धीमे जागरण को देखा, तो मुझे ऐसा लगने लगा कि यह बेबी बियर मार्केट का अंत है- कम से कम कुछ स्टॉक्स के लिए तो है ही।

एक बात की मुझे शंका थी कि पहले के मार्केट के नेता स्टॉक कहीं फिर से आगे न बढ़ने लगें। वैसे मुझे विश्वास हो गया था कि ये स्टॉक्स इतिहास में अपनी जगह बना चुके हैं और अब ये कुछ समय के लिए अपनी पुरानी ऊँचाइयों को नहीं छू सकते, जिसमें इनके अनुसरण करने वाले निवेशकों को बहुत मुनाफा हुआ था।

मुझे नए स्टॉक्स ढूँढ़ने थे। बाद में यह सच साबित हुआ क्योंकि इस समय मार्केट कोट्स में कुछ स्टॉक्स छिपे हुए थे। ये वे स्टॉक थे जिनमें लोगों को कोई खास रुचि नहीं थी। उस समय-नवम्बर 1957 में-वे मेरी रुचि के भी नहीं थे। मैंने शायद ही कभी उनके बारे में सुना हो। ये थे :

यूनिवर्सल प्रॉडक्ट्स – 20 पर कोट हुआ
थियोकोल कैमिकल्स – 64 पर कोट हुआ
टैक्सास इंस्ट्रूमेन्ट्स – 23 पर कोट हुआ

जेनिथ रेडियो - 116 पर कोट हुआ

फेयरचाइल्ड कैमरा - 19 पर कोट हुआ

ये स्टॉक अभी मृत नहीं थे। ये केवल एक अजन्मे शिशु की नींद सो रहे थे। एक दिन ये भी जागने वाले थे। वे मार्केट के नए नेतृत्व में उछाल मारने वाले थे। यही मुझे 20 लाख डॉलर देने वाले थे।

अध्याय : सात

सिद्धांतों का सफल होना

जब वॉल स्ट्रीट के ज़्यादातर स्टॉक्स बह रहे थे या गिर रहे थे, मैं विश्व में डांसिंग टूर कर रहा था। नवम्बर, 1957 में मैं सायगॉन के 'आर्क एन सिएल' में कार्यक्रम प्रस्तुत करने वाला था। इस समय मेरी नज़र बैरन्स में एक लॉरीलार्ड नाम के अनजाने स्टॉक पर पड़ी।

मुझे यह पता नहीं था कि ये फिल्टर-टिप सिगरेट की किसी विशेष ब्रांड के निर्माता हैं। उस समय फिल्टर-टिप का पागलपन अमेरिका में छाया हुआ था। इस वजह से उनका उत्पादन उछाल मारने वाला था। वहाँ सायगॉन में मुझे सिर्फ यह पता था कि डूबते हुए स्टॉक्स की दलदल में से लॉरीलार्ड पहाड़ की चोटी पर संकेत के लिए जलाई गई आग की तरह उभरकर आने वाला है। मार्केट के बुरे रुख के बावजूद यह 17 से ऊपर उठा और अक्टूबर के पहले सप्ताह में इसने 24/27 के बॉक्स में अपनी जगह बना ली। इस सप्ताह के लिए इसका वॉल्यूम 126, 700 शेयर था, जो कि साल के शुरुआत में इसके 10,000 शेयर्स से एकदम उल्टा था।

उच्च वॉल्यूम और मूल्य में स्थिर बढ़ोतरी से मुझे पता लग रहा था कि इस स्टॉक में लोगों की भारी रुचि है। जहाँ तक इसके आधार की बात थी, तो जैसे ही मैंने यह पता लगाया कि इसके 'केंट' और 'ओल्ड गोल्ड' सिगरेट की व्यापक स्वीकृति है, मैं बहुत संतुष्ट हो गया। मैंने तय कर लिया कि अगर यह 27 से ऊपर जाता हुआ दिखता है तो मैं इसे खरीद लूँगा।

मैंने अपने ब्रोकर से मुझे दैनिक कोट्स तार करने को कहा। जल्द ही यह पता लग गया कि मार्केट की सामान्य स्थिति के बावजूद कुछ जानकार लोग इस स्टॉक में दिलचस्पी ले रहे हैं। उस समय बहुत ही कम लोगों को

यह जानकारी थी कि लॉरीलार्ड अपेक्षाकृत बहुत ही कम समय में नई ऊँचाइयों को छूकर वॉल स्ट्रीट में इतिहास रचने वाला है, जिसे वित्तीय समुदाय आश्चर्य से साँस थामे हुए देखता रहेगा।

हम सब बेबी बियर मार्केट की गहराई में थे और माहौल बहुत ही ग़मगीन था, परंतु जैसे इस सामान्य उदासी से दूर, लॉरीलार्ड तो अपने छोटे से पिंजरे में खुशी से उछलकूद कर रहा था।

नवम्बर, 1957 के मध्य तक यह और अधिक स्वतंत्र होकर, जैसा कि मेरा अनुमान था, 27/32 के बॉक्स की तरफ बढ़ने लगा। आम कमज़ोरी के दौर में इस एकांगी शक्ति से मैं बहुत प्रभावित हुआ। मुझे लगा कि मेरे पास इसकी शक्ति के काफी सबूत हैं और मैंने बियर मार्केट में एक बुल बनने का निर्णय ले लिया। मैंने बैंकॉक से यह तार भेजा :

"27½ ऑन स्टॉप और 26 स्टॉप लॉस पर 200 लॉरीलार्ड खरीदो।"

जैसा कि आप देख रहे हैं, यद्यपि मूलभूत और तकनीकी दृष्टिकोणों को मिलाकर अपने लिए निर्णय से मैं काफी सुरक्षित था, फिर भी एक क्षण के लिए भी मैंने अपने मुख्य सुरक्षा हथियार–स्टॉपलॉस ऑर्डर को नहीं छोड़ा। आपका घर चाहे कितना ही अच्छा क्यों न बना हो, आप अग्नि बीमा कराना नहीं भूलते।

कुछ ही दिनों में यह पुष्टि हो गई कि मैंने 27½ के भाव पर लॉरीलार्ड के 200 शेयर खरीद लिए हैं। मैं अपने क्रय से बेहद संतुष्ट था और एक अच्छे उत्थान के लिए मैंने अपने को दृढ़ कर लिया।

यह हुआ भी, लेकिन उस तरह से नहीं जैसा मैंने सोचा था। मेरा पहला अनुभव दिल तोड़ने वाला था। मंगलवार, 26 नवम्बर को यह स्टॉक गिरकर मेरे स्टॉप लॉस 26 पर आ गया और बिक गया। मेरे ज़ख्मों को कुरेदता हुआ, यह मेरे निकलने के कुछ सेकंड बाद ही बढ़ने लगा और 26¾ पर बंद हुआ।

हालाँकि प्रतिक्रिया बहुत ही कम समय के लिए थी और इसके बाद जो बढ़ोतरी हुई वह इतनी दृढ़ थी कि मैंने दोबारा इसमें जाने का निर्णय ले

लिया। उसी सप्ताह मैंने ये शेयर $28\frac{3}{4}$ के भाव पर फिर खरीद लिया। पुनः मैंने अपना स्टॉप-लॉस 26 पर लगा दिया।

लेकिन इस समय लॉरीलॉर्ड का चलन बिल्कुल सही था। जैसे-जैसे दिन बीतते गए मैं यह देखकर संतुष्ट रहा कि इसके कोटेशन मेरे स्टॉप-लॉस के करीब आए ही नहीं। यही इस बात का पक्का सबूत था कि मैं और इस स्टॉक के लिए अपनाया हुआ मेरा सिद्धांत सही रास्ते पर है।

मैं सही सिद्ध होता रहा। दिसंबर, 1957 में लॉरीलार्ड 30 के ऊपर चला गया और 31/35 का एक नया बॉक्स बना लिया। ऐसे स्टॉक मूवमेंट का मेरा पूर्व का अनुभव मुझे बता रहा था कि इसका संचय किया जा रहा है। मुझे लगा कि मेरे पास सही स्टॉक है। अब सही समय पर इसमें अधिक धन लगाने का प्रश्न था।

मैं अपने दैनिक कोट्स को ध्यान से देखता था। मैं सही क्षण की ऐसे प्रतीक्षा कर रहा था, जैसे कि बॉक्सर अपना वार करने के लिए मौका ढूँढ़ता है।

जनवरी के अंत में एक गलत चाल के बाद जैसा मैंने इसका आगे बढ़ना सोचा था, वह होने लगा। अंततः लॉरीलार्ड अपने बॉक्स से बाहर निकलने लगा।

यही आदर्श क्षण लग रहा था। सब कुछ प्रोत्साहन देने वाला था- तकनीकी एक्शन, आधारभूत सिद्धांत, तरीका। न्यूयॉर्क स्टॉक एक्सचेंज ने अपनी मार्जिन रिक्वायरमेंट्स को घटाकर 70 प्रतिशत से 50 प्रतिशत कर दिया था। इसका मतलब यह था कि मेरी सीमित पूँजी की क्रय शक्ति बढ़ गई थी। हर 1,000 डॉलर अब 2,000 डॉलर के स्टॉक खरीद सकते थे। यह मेरे लिए बहुत महत्वपूर्ण था क्योंकि मुझे अपने फंड की ज़रूरत अन्य स्टॉक्स के लिए भी थी जिन पर मैं उस समय नज़र रख रहा था।

मैं बैंकॉक से जापान जा रहा था। वहाँ से मैंने अपनी होल्डिंग में 400 शेयर बढ़ाने का तार भेजा। मेरे लिए यह 35 और $36\frac{1}{2}$ पर खरीदे गए।

आगे आने वाले कई सप्ताहों में इस स्टॉक का व्यवहार लगातार अनुकरणीय रहा। अपने सिद्धांत को व्यवहार में सही होता देखना बहुत ही

उत्साहवर्धक था। जब मैं विश्व में यात्रा करते हुए नाच रहा था, लॉरीलार्ड भी दृढ़ होकर अपने बॉक्स में नाच रहा था। यह नाच वह थोड़े समय के लिए करने वाला था और फिर बिना गलती के एक निर्धारित दबाव के साथ वह आगे के बॉक्स में बढ़ जाने वाला था। लॉरीलार्ड के बाक्स, एक सुंदर बने हुए पिरामिड की तरह एक-दूसरे के ऊपर ढेर बनाने लगे। मैं मुग्ध होकर उन्हें देखता रहा। मैंने किसी स्टॉक को इतनी अच्छी तरह व्यवहार करते हुए कभी नहीं देखा था। ये ऐसा व्यवहार कर रहा था जैसे मेरा सिद्धांत इसके आसपास ही बना हो।

17 फरवरी, 1958 को लॉरीलार्ड उछलकर $44\frac{3}{8}$ पर आ गया। मैं अपने स्टॉक और अपने आपसे बहुत खुश था, जब दो दिन के बाद मुझे टोक्यो में ऐसा तार मिला जिसने मुझे डरा दिया।

एक ही दिन में मेरा स्टॉक गिरकर $36\frac{3}{4}$ पर आ गया था और $37\frac{3}{4}$ पर बंद हुआ।

मैं बिलकुल चकरा गया था। वह मूव तो पूरी तरह से अनपेक्षित था। मुझे नहीं मालूम था कि इसे कैसे समझाऊँ। मैंने तुरंत एक तार न्यूयॉर्क भेजा और उस दिन के क्लोज़िंग मूल्य से 2 पॉइंट नीचे अपने स्टॉप लॉस को 36 तक बढ़ा दिया। मुझे लगा कि अगर यह इस बिन्दु पर गिर भी गया, तो मेरे स्टॉक बेच दिए जाएँगे। फिर भी मैं अपनी पहली खरीद पर अच्छा खासा लाभ कमा लूँगा।

जब मैं टोक्यो में था, मुझे वॉल स्ट्रीट की उस अफवाह के बारे में पता नहीं लगा जिसकी वजह से उस दिन यह स्टॉक नीचे आया था। मुझे बस यह पता था कि इसने बुरा मोड़ लिया। बाद में मुझे मालूम हुआ कि ऐसी कोई रिपोर्ट आई है जिसमें कहा गया है कि किए गए दावे के हिसाब से फिल्टर-टिप्स फेफड़ों के कैंसर के लिए अच्छी नहीं हैं। इससे डरकर बहुत से लोग इस स्टॉक से बाहर हो गए थे।

सौभाग्यवश यह स्थिति बहुत कम समय के लिए रही और मेरा स्टॉप-लॉस अनछुआ ही रह गया। इससे मुझे स्टॉक की शक्ति पर भरोसा हो गया और मैंने अतिरिक्त 400 शेयर लेने का निर्णय ले लिया। मैंने $38\frac{5}{8}$ प्रति

शेयर का भुगतान किया।

इसके तुरंत बाद ही हमने इस मूल्य को बहुत पीछे छोड़ दिया। इसके कोट्स इस तरह से आए : $39\frac{3}{4}$ –$40\frac{1}{4}$ –42।

मैं बहुत खुश था। मुझे लग रहा था कि मैं तथा किसी नए बहुत बड़े विकास में सहभागी हूँ। सब कुछ मेरी योजना के अनुसार होता नज़र आ रहा था।

इसी समय मुझे किसी जानी-मानी सलाहकार सेवा के तीन सप्ताह के अंक अपने ब्रोकर से प्राप्त हुए। सप्ताह दर सप्ताह यह सेवा अपने ग्राहकों से यह गुहार करती आ रही थी कि लॉरीलार्ड को शॉर्ट सेल करें। उसकी तीसरी सिफारिश इस प्रकार की थी :

"लॉरीलार्ड 44 के आसपास डिस्ट्रिब्यूशन में था, जब पिछले सप्ताह आपको इसे शॉर्ट करने को कहा था।"

मुझे इससे हैरानी हुई, लेकिन मैं बहुत पहले ही इस सलाहकार सेवा से अपना भ्रम तोड़ चुका था इसलिए मैंने इस पर कोई ध्यान नहीं दिया।

इसके बजाय जो भी अमेरिकन यात्री मुझसे स्टॉक मार्केट की बात करता था, उससे मैंने लॉरीलार्ड की सिफारिश करनी शुरू कर दी थी। मैं सचमुच में मददगार होने की कोशिश करता था। एक दिन बैंकॉक के 'इरावन' होटल में जो हुआ उससे मेरे उत्साह का सबसे अच्छा उदाहरण मिलता है। एक दोपहर को भोजन के समय मेरी मुलाकात एक बड़ी अमेरिकन शिपिंग कंपनी के अध्यक्ष से कराई गई। बातचीत के दौरान उन्होंने बताया कि स्टॉक मार्केट में उनकी 30,00,000 डॉलर की राशि लगी हुई है जो कि इस तरह से टुकड़ों में देखी जा सकती है:

25,00,000 डॉलर मूल्य का स्टैण्डर्ड ऑयल (न्यू जर्सी)

5,00,000 डॉलर मूल्य का लॉरीलार्ड

"इस बारे में आप क्या सोचते हैं?" उन्होंने पूछा। इसके बारे में मैं क्या सोचता हूँ? इस बारे में बताने के लिए मुझसे बेहतर व्यक्ति भला कौन हो सकता था!

मैंने तुरंत ही उन्हें जर्सी स्टैण्डर्ड की सारी होल्डिंग बेचने और उसे

लॉरीलार्ड में लगाने को कहा। मैंने वही बताया जो मैं करता।

एक साल बाद न्यूयॉर्क की किसी पार्टी में मैं उनसे मिला। उस समय लॉरीलॉर्ड 80 पर था। "आपकी ताजा स्टॉक मार्केट सलाह क्या है ?" क्या बैंकाक में दी हुई 30,00,000 डॉलर मूल्य की सलाह आपके लिए पर्याप्त नहीं थी ?"

"वह पर्याप्त रही होती, उन्होंने कहा अगर मैंने उसे माना होता।"

1958 में मार्च के तीसरे सप्ताह में लॉरीलॉर्ड ने एक और निश्चित बढ़त ले ली। वह एक सप्ताह में ही $4^{1/8}$ पाइंट ऊछल गया, उसका वॉल्यूम विस्मित करने वाले 3,16,000 तक बढ़ गया और इसने अंत में 50/54 के बॉक्स में अपनी जगह बना ली।

अप्रैल के दूसरे सप्ताह में लॉरीलॉर्ड ने अपने बॉक्स को छोड़ दिया। यह $55\frac{1}{4}$ की नई ऊँचाइयों पर पहुँचा, परंतु तुरंत ही नीचे गिरकर अपने पुराने 50/54 में आ गया। चूँकि मैं आगे खरीदने की व्यवस्था नहीं कर पाया था। फिर भी इसने मुझे निराश नहीं किया। हालाँकि मैंने बड़ी सतर्कता से अपना स्टॉप-लॉस बढ़ाकर 49 पर कर दिया।

इसे बेचने की कगार पर मैं क्षण भर को शांत हो गया था, लेकिन मैंने इसके विरुद्ध निर्णय लिया। अब तक मैंने अपने आपको धैर्य धरने के लिए प्रशिक्षित कर लिया था। यद्यपि मैं अपनी प्रारंभिक खरीद पर 20 डॉलर प्रति शेयर का लाभ ले सकता था, परंतु फिर मैं जल्द लाभ न लेने का निश्चय करके बैठ गया। लॉरीलॉर्ड खरीदने के मूल्य मेरे लिए यह थे :

$28\frac{3}{4}$ पर 200 शेयर	5,808.76 डॉलर
35 पर 200 शेयर	7,065.00 डॉलर
$36\frac{1}{2}$ पर 200 शेयर	7,366.50 डॉलर
$38\frac{5}{8}$ पर 400 शेयर	15,587.24 डॉलर
कुल 1,000 शेयर	**35,827.50 डॉलर**

मैंने अंतिम दिन खरीद 50 प्रतिशत मार्जिन पर की। इसने मुझे अपनी बाकी की पूँजी को आगे के निवेश के योग्य बना दिया, जिसे मैंने

डाइनर्स क्लब नामक स्टॉक में लगा दिया। साल के अंत में लॉरीलॉर्ड से जूझते हुए मैं इस स्टॉक में रुचि लेने लगा।

डाइनर्स क्लब दो भागों में बँट गया था और जनवरी, 1958 के अंतिम सप्ताह में इसका साप्ताहिक वॉल्यूम बढ़कर 23,400 हो गया, जिसे मैं इस स्टॉक के लिए काफी ऊँचा मानता था।

वॉल्यूम बढ़ने के साथ ही मूल्य भी बढ़ा, मैंने स्टॉक के फंडामेन्टल देखने का निर्णय लिया। वे सब फिर से आश्वासन देने वाले थे। व्यापक होते क्षेत्र में इस कंपनी का लगभग एकाधिकार ही था। क्रेडिट कार्ड सिस्टम, जिसमें यह कंपनी अग्रणी थी, पूरी तरह से स्थापित हो चुकी थी। कंपनी की आय एक निश्चित बढ़ोत्तरी की तरफ थी। इन सब बातों को ध्यान में रखते हुए, मैंने $24^{1/2}$ के भाव पर 500 शेयर खरीदे। मेरा स्टॉप-लॉस $21^{5/8}$ पर था।

अब प्रश्न यह था कि स्टॉक कैसा रुख अपनाते हैं। लॉरीलार्ड की मेरी पहली खरीद ने मुझे पहले ही लाभ दिलवा दिया था और मैंने हिसाब लगाया कि अगर यह बहुत बुरी स्थिति में भी आता है, तो मैं इसे डाइनर्स क्लब में गँवा दूँगा, लेकिन ऐसा हुआ नहीं। मेरे खरीदने के कुछ दिनों के बाद ही स्टॉक बढ़ना शुरू हो गया। मेरी थ्योरी के अनुसार, मैंने तुरंत ही $26\frac{1}{8}$ के भाव पर और 500 शेयर खरीद लिए। दोनों ही खरीद पर मुझे 50 प्रतिशत मार्जिन का लाभ मिला।

यह पैटर्न अच्छी तरह से विकसित होता गया- पहले 28/30 फिर 32/36 का बॉक्स। जो आखरी खरीदारी हुई, वह सप्ताह के लिए 52,600 शेयर के वॉल्यूम के साथ थी।

यह विभाजित स्टॉक के इतिहास में किसी अंत सप्ताह के वॉल्यूम से उच्च था।

मेरे लाभ के ढेर के साथ मैं एक क्षण के लिए भी स्टॉक की बढ़ोतरी के साथ अपने स्टॉप-लॉस बीमा को आगे खिसकाना नहीं भूला। पहले मैंने इसे 27 फिर 31 तक बढ़ा दिया।

मार्च के चौथे सप्ताह में स्टॉक्स एक नए बॉक्स $\boxed{36^{1/2}/40}$ में घुसा गया और ऐसा लगा कि यह यहाँ जम गया है। मैंने डाइनर्स क्लब में अपनी स्थिति का हिसाब लगाया। मैंने खरीदा -

$24\frac{1}{2}$ पर 500 शेयर	12,353.15 डॉलर
$26\frac{1}{8}$ पर 500 शेयर	13,167.65 डॉलर
कुल 1000 शेयर में	**25,520.80 डॉलर**

मेरी थ्योरी के हिसाब से मुझे 10,000 डॉलर से ज़्यादा का लाभ हो चुका था। अब मुझे रुकना चाहिए था। स्टॉक ऐसे चल रहा था जैसे वह और ऊपर जाएगा। हर इशारा उसी तरफ जा रहा था।

लेकिन तभी अनपेक्षित रूप से मेरे तार कुछ और ही दिखाने लगे थे। यह समझना मुश्किल था कि ऐसा क्यों हो रहा है, लेकिन मुझे कुछ अटपटा-सा लगने लगा था। ऐसा लग रहा था जैसे स्टॉक आगे बढ़ने की अपनी इच्छा खो चुका है। ऐसा लग रहा था जैसे इसका आखरी पिरामिड छोर पर आकर वापस जाने में हिचक रहा हो। यह गिरने को बिलकुल तैयार लग रहा था। इसलिए किसी गिरावट में न फँसने के लिए मैंने अपना स्टॉप-लॉस $36\frac{3}{8}$ के बहुत ही संकीर्ण मार्जिन पर लगा दिया।

अप्रैल के चौथे सप्ताह में जिस घटना के लिए मैंने अपना बीमा कराया था, वह हो गया। डाइनर्स क्लब अपने बॉक्स की निचली सीमा से बाहर निकल गया और मेरा स्टॉक बिक गया। मुझे 35,848.85 डॉलर मिले। कुल मिलाकर मुझे 10,328.05 डॉलर का लाभ हुआ।

पहली बार-जब मैं टोक्यो के इंपीरियल होटल के अपने कमरे में हाथ में 10,000 डॉलर का लाभ दिखाने वाला तार लिए बैठा था- मुझे लगा कि बीते वर्षों का मेरा अध्ययन और परेशानियाँ आज सफल हो गईं। मैं सबसे ऊपर आने की तैयारी में था।

छह सप्ताह के बाद मुझे ऐसी खबर मिली जिससे कुछ मायनों में मैं 10,000 डॉलर से और अधिक उत्साहित महसूस कर रहा था, क्योंकि यह मेरी पद्धति के तकनीकी पक्ष की पूरी तरह से पुष्टि करता था। आधिकारिक

रूप से इस बात की घोषणा हो गई थी कि अमेरिकन एक्सप्रेस ने डाइनर्स क्लब के विरोधी को लाने का निर्णय कर लिया है। इसी कारण से 36 के आसपास स्टॉक के प्रति हिचक होने लगी थी। कुछ लोगों को यह घोषणा से पहले ही पता था और वे इसे बेच रहे थे। इसको जाने बिना, मैं उनका पार्टनर था।

सुदूर पूर्व में होने की वजह से मुझे ऐसी किसी विरोधी संस्था की स्थापना का पता नहीं चल पाया था। फिर भी मूल्य-एक्शन पर आधारित मेरे सिस्टम के तकनीकी पक्ष ने मुझे निकलने की चेतावनी दे दी थी।

जब मैं लॉरीलार्ड और डाइनर्स क्लब के साथ था, उस पूरे काल में मैंने बैरन्स के अन्य स्टॉक के कोटेशन के अनुसरण को कभी नजरअंदाज नहीं किया। इससे मुझे यह पता लगने लगा कि ई.एल. ब्रूस नाम के स्टॉक में लोगों की रुचि काफी बढ़ रही है। यह एक छोटी-सी मेम्फिस फर्म थी। स्टॉक अमेरिकन स्टॉक एक्सचेंज में कोटेड था। अधिक बारीकी से देखने पर मुझे यह पता लगा कि यह कंपनी हार्डवुड फ्लोरिंग बनाती है। यह मेरी फंडामेंटल अपेक्षाओं पर खरा नहीं उतरता था, लेकिन मेरी तकनीकी पद्धति मुझे बाध्य कर रही थी। मैं इस पर से आँख नहीं हटा पा रहा था।

वॉल स्ट्रीट में ई.एल. ब्रूस का मूवमेंट मुझे हैरान कर रहा था। सामान्य रूप से यह सप्ताह में 5,000 शेयर्स से कम का ट्रेड करता था। फिर अचानक यह सक्रिय हो गया और मूव शुरू कर दिया। 1958 में अप्रैल के दूसरे सप्ताह में इसका वॉल्यूम चकित करने वाले 19,100 शेयर्स तक बढ़ गया। इसके बाद साप्ताहिक वॉल्यूम 41,500-54,200-76,500 शेयर्स पर उछलता गया। इसके साथ ही बिना नीचे की ओर गए इसका मूल्य हर सप्ताह 5 से 8 पॉइंट उछलता गया।

ब्रूस, फरवरी में 18 का था जो कि मई की शुरुआत में 50 तक चला गया। इसके बाद ही इसका पहला रिएक्शन आया, जिससे यह वापस 43½ पर चला गया। मैं पक्का नहीं कह सकता था, लेकिन यह रिएक्शन मुझे अस्थायी रुकावट लग रही थी, जो ईंधन भरने के लिए आई थी। मुझे लगा कि इसका बढ़ना जारी रहेगा। मैंने फंडामेंटल कारण ढूँढ़ने की कोशिश

की, लेकिन नहीं ढूँढ़ पाया। अभी आगे देखने को वॉल्यूम था, प्राइज़ एक्शन था, बढ़ने की उम्मीद थी।

इसके बाद लगने लगा जैसे कि एक व्यक्ति अंधेरे थिएटर में बैठा कुछ रोमांचक देखने के लिए पर्दा उठने का इंतज़ार कर रहा है। जब मैंने टोक्यो से कोलकाता के लिए उड़ान भरी, मैं यात्रा के हर घंटे ब्रूस के कोटेशन पर विचार करता रहा। ज़्यादातर स्टॉक्स की तुलना में इसका रेंज व्यापक और अधिक स्वतंत्र था और मैं इसके लिए कोई निश्चित फ्रेम नहीं बना पा रहा था। हिन्द महासागर के ऊपर से उड़ते हुए मैंने एक अपवाद बनाने के लिए अपने दिमाग़ को तैयार कर लिया। फंडामेंटल हों या न हों अगर यह 50 से ऊपर गया तो मैं इसे खरीद लूँगा और काफी तादाद में खरीदूँगा।

लेकिन मुझे पैसों की ज़रूरत थी। डाइनर्स क्लब बेचने से मुझे कुछ धन तो मिल गया था, लेकिन यह काफी नहीं था। मैं अपनी बची हुई धनराशि का इस्तेमाल कर सकता था, लेकिन जोन्स एण्ड लॉलिन के घोर संकट के बाद मैंने यह निर्णय ले लिया था कि मैं अब उतना ही धन रिस्क पर लगाऊँगा जितना नुकसान मैं सह सकूँ और फिर कभी भी अपनी शो बिज़नेस की कमाई को मार्केट के फंड में नहीं जोड़ा।

अब जो संभव था वह यह कि मैं अपने पुराने मित्र लॉरीलार्ड का एक सूक्ष्म परीक्षण करूँ। क्या वह अभी भी ठीक चल रहा था?

वह ठीक नहीं चल रहा था। उसकी आगे की बढ़त निर्णयात्मक नहीं थी, उसका रिएक्शन गहरा था। मैंने तय कर लिया कि अपना धन लॉरीलार्ड से बाहर निकालना है और उसे ब्रूस में निवेश करने के लिए तैयार रहना है। मैंने मई के दूसरे सप्ताह में $57\frac{3}{8}$ के एवरेज मूल्य पर 1,000 शेयर बेच दिए। इस विक्रय में कुल मूल्य 56,880.45 डॉलर मिला। इस सौदे में मुझे 21,052.95 डॉलर का लाभ हुआ।

इसमें यदि डायनर्स क्लब से हुए 10,000 डॉलर्स के मुनाफे को भी जोड़ लिया जाए तो पिछले पाँच महीनों में मेरी पूँजी दोगुनी हो गई थी। मैं ब्रूस जैसे शक्तिशाली और मनमौजी स्टॉक को संभालने के लिए एक जाइंट

किलर की तरह काफी खुश, गौरवान्वित और तैयार था।

मैंने इस लड़ाई के लिए खास तैयारी की थी। लॉरीलार्ड की डील के बाद मैंने यह निष्कर्ष निकाल लिया था कि मेरा सिस्टम इतनी अच्छी तरह काम कर रहा था कि मैं किसी एक फर्म के हाथ में इसे देकर भरोसा नहीं कर सकता था। मुझे लगा कि अगर कोई मेरे सिस्टम का अनुसरण करने लगेगा, तो मेरे लिए मुश्किल खड़ी हो सकती है।

मैंने न्यूयॉर्क फोन करके दो अन्य ब्रोकरेज फर्म्स के साथ अकाउंट खुलवा लिया।

मई,1958 के तीसरे सप्ताह में मैंने 50¾ ऑटोमेटिक ऑन-स्टॉप क्रय ऑर्डर पर 500 ब्रूस खरीदने के लिए न्यूयॉर्क तार भेजा। मैंने 48 पर स्टॉप लॉस लगा दिया।

आगे के दिनों में स्टॉक इतनी अच्छी तरह चला कि मैंने तय किया कि बची हुई 50 प्रतिशत मार्जिन स्थितियों का पूरा फायदा उठाना है। जब मैंने देखा कि मेरा स्टॉप लॉस अनछुआ रहा है तो मैंने और खरीदी कर ली। मेरा हर क्रय 47 और 48 के बीच स्टॉप-लॉस से सुरक्षित था। मैंने देखा कि अगर मैं स्टॉप्ड-आउट भी होता हूँ, तो भी मैं केवल डाइनर्स क्लब का लाभ ही गँवाऊँगा :

मेरी खरीद की यह विस्तृत सूची है :

50¾ पर 500 शेयर	25,510.95 डॉलर
51⅛ पर 500 शेयर	25,698.90 डॉलर
51¾ पर 500 शेयर	26,012.20 डॉलर
52¾ पर 500 शेयर	26,513.45 डॉलर
53⅝ पर 500 शेयर	26,952.05 डॉलर
कुल 2,500 शेयर	**130,687.55 डॉलर**

मेरा समय बिलकुल सही था। ई.एल. ब्रूस ऐसे ऊपर चढ़ने लगा जैसे चुंबक से खिंच रहा हो। जैसे-जैसे मैं उसे देखता गया, उसके बढ़ने की चाल से मैं अचंभित होता गया। यह सब देखने लायक था।

मैं कोलकाता में बैठा हुआ प्रतिदिन के कोट्स देखता था। जल्दी ही उन्होंने मुझे बताया कि स्टॉक 60 से ऊपर बढ़ चुका है। थोड़ी झिझक के बाद यह फिर से बढ़ने लगा है। 13 जून तक यह 77 पर पहुँच गया था।

इतनी दूर भारत में रहते हुए भी यह स्पष्ट हो रहा था कि अमेरिकन स्टॉक एक्सचेंज में कुछ अद्‌भुत हो रहा है। मुझे न्यूयॉर्क फोन करके यह जानने का प्रयास न करने के लिए अपने आप से युद्ध लड़ना पड़ा कि वहाँ क्या हो रहा है। नहीं, मैंने अपने आपसे यही कहा जब मैं अपने ब्रोकर्स को फोन करना चाहता था, क्योंकि ऐसा करके केवल अफवाहों का ही पता लगेगा और मैं कुछ मूर्खतापूर्ण कर बैठूँगा।

कोलकाता के ग्रैण्ड होटल में बैठे हुए धैर्य और दृढ़ संकल्प की जैसी कठिन परीक्षा मेरी हो रही थी ऐसी किसी की नहीं हुई होगी। मैं हैरान था कि वॉल स्ट्रीट में क्या हो रहा होगा?

कुछ दिनों के बाद न्यूयॉर्क से मिले एक फोन ने मेरी व्यग्रता के आतंक में बदल दिया। मेरे एक ब्रोकर ने मुझे फोन किया था और उसने तो लगभग मेरी हृदयगति ही रोक दी थी। उसने कहा: "उन्होंने अमेरिकन स्टॉक एक्सचेंज में ब्रूस की ट्रेडिंग ही निलंबित कर दी है।" इसे सुनते ही मेरे हाथ से जैसे फोन छूट गया। मैं बहुत डरा हुआ था। ब्रूस स्टॉक में ट्रेडिंग रोक दी है! मेरी लगभग 60,000 डॉलर से ज़्यादा पूँजी इसमें लगी हुई थी। क्या इसका मतलब यह है कि मेरी पूँजी डूब गई? कुछ कठिनाई से मैं उसकी बात ध्यान से सुनने में सक्षम हो पाया। कुछ मिनट के बाद ही मैं उसकी बात सुनने के लिए स्वयं को तैयार कर पाया।

अपनी पगलाई हुई भावनाओं के साथ यह समझने में बहुत समय लगा कि नुकसान से बहुत दूर, मैं ब्रूस को ओवर द काउंटर मार्केट में 100 डॉलर प्रति शेयर के हिसाब से बेच सकता हूँ। मैं पूरी तरह से भ्रम में था। 100 डॉलर प्रति शेयर्स यह क्या था?

जब वह न्यूयॉर्क से कोलकाता फोन पर मुझे यह कहानी सुना रहा था, मैं काँप रहा था।

वॉल स्ट्रीट के कुछ ट्रेडर्स ने अपने फंडामेंटल सिद्धांत के आधार पर

यह तय कर लिया था कि ब्रूस की बुक वैल्यू और लाभ यह दिखाती हैं कि इसका मूल्य 30 डॉलर प्रति शेयर से ज़्यादा नहीं होना चाहिए। इसलिए उन्होंने इस स्टॉक को 45 और 50 के बीच में शॉर्ट सेल शुरू कर दिया। उन्हें इस बात का विश्वास था कि वे इसे वापस 30 के आसपास के मूल्य पर खरीद लेंगे।

उन्होंने एक बहुत बड़ी गलती की थी क्योंकि एक ऐसी बात थी जो उन्हें पता नहीं थी। न्यूयॉर्क का एक निर्माता, एडवर्ड, गिल्बर्ट ब्रूस परिवार को कंपनी के नियंत्रण से बाहर निकाल देना चाहता था। वह और उसके सहयोगी 3,14,600 शेयर्स की बढ़त लेना चाहते थे, जो कि अभी तक ब्रूस परिवार के पास थे। इसी वजह से इस स्टॉक के मूल्य आसमान छू रहे थे। इसका वॉल्यूम भयंकर था और 2,75,000 से ज़्यादा ब्रूस शेयर्स की ट्रेडिंग दस हफ्तों के समय में हो गई।

शॉर्ट सेल करने वालों ने जिन्होंने मार्केट का गलत आकलन किया था एक दूसरे को धक्का-मुक्की करके इस स्टॉक को खरीदने की कोशिश में उसे भ्रमित करने वाली ऊँचाइयों पर पहुँचा दिया। अब वे स्टॉक की रहस्यमयी बढ़त से एक तरह से पकड़े गए थे और अब वे इस शेयर को किसी भी मूल्य पर खरीद नहीं पा रहे थे।

अंततः इन पागलपन वाले सौदों की वजह से जब बाज़ार की व्यवस्थाओं के प्रति भरोसा कायम रखना मुश्किल हो गया तो अमेरिकन स्टॉक एक्सचेंज ने ट्रेडिंग निलंबित कर दी। लेकिन इससे अधीर शॉर्ट सेलर्स को कुछ फर्क नहीं पड़ा। उन्हें अभी भी स्टॉक डेलीवर करना था। इसलिए अब वे ब्रूस के लिए ओवर द काउंटर भी देने को तैयार थे।

मैं भौचक्का होकर सब कुछ सुनता रहा। मेरे ब्रोकर ने मुझसे पूछा कि अब इस शेयर का ओवर द काउंटर मूल्य 100 डॉलर है, तो क्या मैं इसे इस मूल्य पर बेचने के निर्देश दे दूँ?

मैं अपने पुराने तारों के बारे में सोचने लगा कि वे कैसे ब्रूस की एक आश्चर्यजनक तस्वीर मेरे सामने बना रहे थे। मैं अपनी उस कठिन परीक्षा को याद करने लगा जब मैंने वहाँ हो रही घटनाओं की जानकारी न लेने के लिए एक तरह से फोन न करने की कसम खा ली थी, क्योंकि मैं किसी अफवाह के प्रभाव में नहीं आना चाहता था, जिस पर ध्यान न देने का

संकल्प मैंने ले रखा था। मुझे याद आया कि मैं कैसे ब्रूस को रखे हुए था, जबकि मेरे दैनिक कोट लगातार ब्रूस की सनसनीखेज़ प्रगति के बारे में बताते थे। मुझे तब पता नहीं था कि क्या करना चाहिए।

क्या मैं इसे अभी भी रखे रहूँ? मैं निर्णय के कठिन दौर से गुज़र रहा था। मुझे एक अच्छा खासा लुभावना लाभ मिल रहा था। जब मैंने अपने ब्रोकर की बात सुनी, तो मुझे इसे बेचने की उत्कट इच्छा होने लगी। आाखिर को, 100 के भाव पर बेचने का मतलब था किस्मत चमकना।

सुनते हुए ही मैं गहराई से सोचने भी लगा। इसके बाद मैंने अपने जीवन का एक बहुत बड़ा क्षणिक निर्णय लिया। मैंने कहा, "नहीं, मैं 100 पर नहीं बेचूँगा। मेरे पास इसे बेचने का कोई कारण नहीं है। मैं इसे रखे रहूँगा।" मैंने वही किया। यह एक कठिन और बड़ा निर्णय था, लेकिन यह सही साबित हुआ। अगले कुछ सप्ताहों तक मुझे यूनाइटेड स्टेट्स के विभिन्न भागों से कई ब्रोकर्स के अर्जेंट फोन आते रहे जो मेरे शेयर्स के लिए अधिक और अधिक दाम देने को तैयार थे। मैं धीरे-धीरे अपने स्टॉक्स को ओवर द काउंटर मार्केट में 100 और 200 शेयर्स के ब्लॉक में 171 के औसत मूल्य पर बेचता रहा।

मार्केट में मेरी यह पहली बड़ी विजय थी। इस ऑपरेशन में मुझे 2,95,305.45 डॉलर का लाभ हुआ।

मेरे लिए यह एक बड़ी घटना थी। मैं इतना खुश था कि मुझे यह पता नहीं था कि अब किधर मुड़ना है। मैंने उन सबको अपनी कहानी सुनाई, जो इसे सुनना चाहते थे। मैंने उन्हें अपने तार दिखाए। सबकी यही प्रतिक्रिया थी: "आपको किसने सलाह दी थी?" मैं समझाने की कोशिश करता था कि किसी ने मुझे सलाह नहीं दी, मैंने सब कुछ खुद ही किया है और इसलिए मैं इतना ज़्यादा खुश और उत्साहित हूँ।

किसी ने मुझ पर यकीन नहीं किया। मुझे पक्का विश्वास है कि कोलकाता में मेरे सारे दोस्त यह मानते थे कि मि. गिल्बर्ट ने खुद मुझे अपने विश्वास में ले रखा है।

अध्याय : आठ

मेरे पहले ढाई करोड़

ई. एल. ब्रूस को संभालने की मेरी उल्लसित कर देने वाली सफलता से मुझे अधिक उत्साहित और कम सावधान हो जाना चाहिए था। फिर भी पता नहीं कैसे, इससे मैं और अधिक सतर्क हो गया था। मैंने नौ महीनों के निवेश में 3,25,000 डॉलर कमा लिए थे और अपने किसी गलत कदम से मैं इसे न गँवाने के लिए दृढ़ निश्चयी था। कई ऑपरेटर्स ने नौ महीनों में बहुत धन कमाया था और फिर अगले नौ हफ्तों में उसे भगा भी दिया था। मैंने तय कर लिया था कि मैं अपने साथ ऐसा नहीं होने दूँगा। पहले कदम के रूप में मैंने अपना आधा लाभ मार्केट से बाहर निकाल लिया। बची हुई पूँजी से मैं मार्केट में अच्छे चलने वाले स्टॉक्स पर तेज़ नज़र रखने लगा। सत्ता पलट अभियान के बाद एक-दो महीने तक मुझे छोटी सफलता ही मिल सकी।

मैंने सावधानीपूर्वक मॉलीडेनम के 500 शेयर खरीदे। मैंने इसे 27 के भाव पर 13,606.25 डॉलर देकर खरीदा। इसके तुरंत बाद ही मैं 26½ पर बाहर निकल गया और मुझे 13,123.78 डॉलर वापस मिल गए।

मैंने हैवेग इंडस्ट्रीज़ के साथ जाने का निश्चय किया। मैंने 31⅜ के भाव पर 15,860.95 डॉलर अदा करके 500 शेयर खरीद लिए। यह पीछे मुड़ गया। ऐसा लगा जैसे यह 30 से नीचे चला जाएगा। मैंने इसे 30½ पर 15,056.94 डॉलर में बेच दिया।

इसके बाद मुझे किसी में खास दिलचस्पी नहीं लगी। मैंने फिर से लॉरीलार्ड की ओर कदम बढ़ाया। यह स्टॉक, जो किसी समय बियर मार्केट में रेगिस्तान के पेड़ की तरह खड़ा रहता था, अब अपेक्षाकृत थके-माँदे, धीरे

चलने वाले बुजुर्ग आदमी की तरह हो गया था। मुझे लगता है कि इस स्टॉक से मुझे कोई भावनात्मक लगाव था, क्योंकि इसने पहली बार मेरा बहुत भला किया था। बहुत लंबे समय तक मैं इसे छोड़ नहीं पाया था। यह मेरा अमेरिकन 'पालतू' बन गया था। यह गलत दृष्टिकोण था लेकिन मैं कुछ कर नहीं पा रहा था।

तीन बार मैंने इसे खरीदा क्योंकि मुझे लग रहा था कि यह ऊँचे बॉक्स में उछलने वाला है। फिर तीनों बार ही मैंने इसे बेच दिया क्योंकि नया बॉक्स बन ही नहीं पाया। लॉरीलार्ड का सौदा कुछ इस तरह का था :

1,000 शेयर

70½ पर खरीदा (70,960.50 डॉलर)

67⅞ पर बेचा (67,369.74 डॉलर)

नुकसान 3,590.76 डॉलर

500 शेयर

69⅛ पर खरीदा (34,792.05 डॉलर)

67¾ पर बेचा (33,622.42 डॉलर)

नुकसान 1,169.63 डॉलर

1,000 शेयर

67¾ पर खरीदा (68,207.80 डॉलर)

67 पर बेचा (66,495.66 डॉलर)

नुकसान 1,712.14 डॉलर

बस, बहुत हो गया। तीसरे नुकसान ने मेरा भावनात्मक लगाव खत्म कर दिया और मैंने इसे इसके बाद नहीं खरीदा। मुझे लगा कि चूँकि लॉरीलार्ड बहुत सुस्त चाल में आ गया है, स्पष्ट रूप से अब यह मेरे लिए नहीं है।

लॉरीलार्ड से हाथ खींचने के बाद मैंने बैठकर अपनी स्थिति का आकलन किया। यह इस तरह की थी :

	लाभ	नुकसान
लॉरीलार्ड	21,052.95 डॉलर	6,472.53 डॉलर
डाइनर्स क्लब	10,328.05 डॉलर	
ई.एल. ब्रूस	2,95,305.45 डॉलर	
मॉलीडेनम		482.47 डॉलर
हैवेग इंडस्ट्रीज		804.01 डॉलर
	3,26,686.45 डॉलर	7,759.01 डॉलर

मेरा कुल लाभ 3,18,927.44 डॉलर था

जब मैं लॉरीलार्ड में क्रय-विक्रय कर रहा था, मैं लगातार ऐसे स्टॉक्स तलाश रहा था जो मेरे सिद्धांत के अनुकूल हों। एक महत्वपूर्ण बात जिसने मुझे गहराई से खोज़बीन करने को उकसाया, वह थी सामान्य बाज़ार की मज़बूती। जब मुझे लगने लगा कि यह मज़बूती और बढ़ती जा रही है, तब मैं किसी भरोसेमंद स्टॉक में जल्दी से जल्दी धन लगाकर इसका पूरा लाभ उठाना चाहता था।

एक स्टॉक जो मेरी नज़र में चढ़ा वह था एक छोटी अनजानी कंपनी यूनिवर्सल प्रोडक्ट्स का यह 35 पर कोट हुआ और 35⅞ और 33½ के बीच में ऊपर-नीचे होता रहा। मुझे पता लगा कि यह इलेक्ट्रॉनिक कंपनी थी और इसलिए जहाँ तक मेरे टेक्नो-फंडामेंटलिस्ट सिद्धांत का सवाल था यह उस पर खरा उतरता था।

1958 की जुलाई में जब मैं कोलकाता में ही था, मैंने दैनिक कोट्स के लिए न्यूयॉर्क फोन किया। जो कहानी उन्होंने मुझे सुनाई वह बड़ी ही भरोसे वाली थी। हाल ही के मेरे लॉरीलार्ड के नुकसान ने मुझे याद दिलाया कि कई बार मैं गलत भी हो सकता हूँ और मुझे सावधानीपूर्वक कदम बढ़ाना चाहिए। मैंने सोचा कि मैं अगर सचमुच कुछ स्टॉक्स लेना चाहता हूँ, तो मुझे स्टॉक्स के मूवमेंट की बेहतर समझ होनी चाहिए। इसलिए मैंने तय कर लिया कि मैं पहले सैंपल के तौर पर खरीद करूँगा। मैंने यह तार भेजा:

"35¼ या और अच्छे पर 300 यूनिवर्सल प्रोड्क्ट्स खरीद लो।"

अगले दिन जब मुझे खबर मिली कि मेरे लिए यूनिवर्सल प्रोडक्ट्स के 300 शेयर 35¼ के भाव पर खरीद लिए गए हैं, तो मैंने तार भेजा :

"32½ पर स्टॉप लॉस लगा दो"

अब अगले मूव को बैठकर देखने और इंतज़ार करने के अलावा करने को कुछ नहीं था।

इस समय मेरा भारत के विभिन्न भागों में जल्दी-जल्दी आना-जाना हो रहा था, लेकिन यूनिवर्सल प्रोडक्ट्स से जुड़े तार के कोट्स हर जगह मुझे मिल रहे थे। 1958 अगस्त के तीसरे सप्ताह में मैं कश्मीर के श्रीनगर में था, जब मैंने देखा कि यह स्टॉक अब स्थिर होने लगा है, तो मैंने तार भेजा:

"36½ के ऑन-स्टॉप और 33 के स्टॉप-लॉस पर 1,200 यूनिवर्सल प्रोडक्ट्स खरीद लो।"

जब मैं नई दिल्ली के इम्पीरियल होटल में लौटा तो मुझे एक नोटिस मिला:

"1,200 यू. खरीदे 36½ ऑन स्टॉप यू. 36¾ (37⅞ -35⅜) इत्यादि।"

इसका अर्थ यह था कि मैंने अपना स्टॉक 36½ पर खरीदा था और यह 36¾ पर बंद हुआ था। मेरे खरीदे हुए मूल्य से यह पीछे नहीं गया था, कुछ ऊपर जाकर ही बंद हुआ था। अब प्रश्न यह था कि क्या मेरा स्टॉक आगे बढ़ेगा या अपने पुराने बॉक्स में लौट आएगा?

मैं बहुत उत्साहित था। यद्यपि मैंने संभावित हानि की सीमा निर्धारित कर रखी थी, अब प्रश्न यह था कि मेरा अनुमान सही होगा या गलता मैं अगले दिन के तार का बड़ी बेचैनी से इंतज़ार कर रहा था। अंततः जब यह पहुँचा, इसने दिखाया कि यूनिवर्सल प्रोडक्ट्स 38⅛ पर बंद हुआ था।

उस दिन का उसका रेंज 38¾ -37½ था। इसका मतलब था कि उस समय के लिए ही सही लेकिन मैं सही था।

कुछ दिनों तक स्टॉक लगातार बढ़ता रहा। मैं जब कराची में था तब

मैंने 40 पर 1500 शेयर और खरीदे। जल्दी ही यूनिवर्सल प्रॉडक्ट्स का नाम बदलकर यूनिवर्सल कन्ट्रोल्स हो गया और यह 1 से 2 भागों में विभाजित हो गया। यह ठीक चलता रहा लेकिन मेरी आखिर खरीद के बाद मैंने तय किया कि यूनिवर्सल कंट्रोल्स के जितने शेयर मैं रखना चाहता था उतने मेरे पास थे।

मेरी वास्तविक सही स्थिति यह थी : (इस टेबल और बाकी सभी टेबल्स में मूल्य एवरेज हैं)

35¼ पर 300 की सैंपल या नमूना खरीद	10,644.93 डॉलर
36½ पर 1,200	44,083.56 डॉलर
40 पर 1,500	60,585.00 डॉलर
कुल 3,000 शेयर	**115,313.49 डॉलर**

इससे मुझे नए विभाजित स्टॉक के 6,000 शेयर मिल गए। जब यह स्टॉक आसमान छू रहा था, मैं बैठा हुआ, इसको रखे हुए था।

दिसंबर की शुरुआत में जब मैंने देखा कि यूनिवर्सल कंट्रोल्स ठीक चल रहा है तो मैंने इस स्टॉक की सिफारिश अपने सचिव से की। उसे 31¾ पर इस स्टॉक को खरीदने को कहा। मैंने कहा : "अगर यह 30 के नीचे जाता है, तो नुकसान उठाकर इसे बेच देना, नहीं तो इसके बहुत आगे बढ़ने तक रुकना। अगर तुम्हें नुकसान सहना पड़ा तो मैं उसकी भरपाई करूँगा।"

हुआ यूँ कि उसके पिता कुछ पुराने फैशन के पक्के फंडामेंटलिस्ट थे और जब उन्होंने मेरी सलाह सुनी, तो उन्होंने अपने बेटे को यह मूर्खता करने को मना कर दिया। उनका तर्क था : अगर स्टॉक नीचे जा सकता है, तो उसे खरीदने का मतलब क्या है? उन्होंने हिसाब लगाकर कहा : तुम्हें केवल वही स्टॉक खरीदना चाहिए जिसका बढ़ना पक्का हो-जैसे कोई इस बात की पक्की खबर रखता हो! उन्होंने यह भी कहा कि वे कंपनी की विवरणिका देखना चाहते हैं कि यह अच्छी स्थिति में है।

मेरे सचिव ने अपने पिता की सलाह को माना। उसने बिलकुल भी

धन निवेश नहीं किया। उसके पिता जब तक कंपनी की पुस्तकों को देखते रहे, वह इंतज़ार करता रहा। जब वे इस काम में लिप्त थे तब तक स्टॉक 50 तक पहुँच गया।

यूनिवर्सल कंट्रोल्स के साथ ही मैं उस स्टॉक्स को भी देख रहा था, जिसके क्रिया-कलाप मुझे आकर्षक लग रहे थे। यह थियोकोल कैमिकल था।

1958 की फरवरी में जब मैं टोक्यो में था, पहली बार इसकी ओर आकर्षित हुआ था। यह उसी समय ही दो भागों में विभाजित हुआ था और उस समय 39/47 के बॉक्स में शांत बैठने से पहले इसमें काफी ज़्यादा ट्रेडिंग हुई। कई महीनों तक यह इस क्षेत्र में शांत टिका रहा।

मैं बैरन्स में नियमित रूप से देखता था। शांति का यह क्षेत्र किसी गर्म दिन में एक तालाब की तरह लगता था। पता नहीं क्यों, मुझे ऐसा लग रहा था कि यह तूफान के आने से पहले की शांति है।

मार्च में मैंने न्यूयॉर्क तार भेजा:

''थियोकोल कोट करो।''

कोटस बराबर आते रहे किंतु अप्रैल के कुछेक सप्ताहों में हुई छोटी-सी हलचल के अलावा कुछ विशेष नहीं हुआ। कुछ सप्ताह के बाद मैंने हांगकांग से यह तार भेजा :

'थियोकोल के कोट्स बंद करो, अगर 45 के ऊपर जाए तब दोबारा कोट शुरू करना।''

मैंने सोच लिया कि अगर यह अपने बॉक्स के ऊपर वाले फ्रेम में दोबारा जाता है, तो वही क्षण होगा जब मैं इस पर दोबारा नज़र रखना शुरू कर दूँगा। अगस्त के पहले सप्ताह में थियोकोल के कोट्स दोबारा मेरे तार में आने लगे। 45 से ऊपर ऐसा लगने लगा जैसे वह ऊपर उछलने के लिए अपनी माँसपेशियाँ खोल रहा है। मैंने एक नमूना खरीद का निर्णय लिया और तार भेजा:

'47¼ पर 200 थियोकोल खरीदो।'

इस मूल्य पर कुल 9,535.26 डॉलर में मेरा आदेश मान लिया गया।

इसके बाद थियोकोल को सही ढंग से बढ़ने में तीन सप्ताह लगे। अगस्त के अंत में मुझे लगा कि वह क्षण आ गया है। मैंने न्यूयॉर्क तार भेजा :

"49½ ऑन स्टॉप पर 1,300 थियोकोल खरीद लो।"

2 सितंबर, 1958 को मेरे लिए यह 49⅞ पर खरीदा गया। इसका मूल्य 65,408.72 डॉलर था। 1,500 शेयर्स के साथ मैंने स्टॉक को तेज़ी से 50 के ऊपर और ट्रेडिंग का रेंज 52-56 के बीच बढ़ते देखा।

एक सप्ताह के बाद मुझे एक नोटिस मिला कि थियोकोल ने स्टॉक-राइट्स जारी करने का निर्णय लिया है। यह एक राइट प्रति शेयर के हिसाब से स्टॉक होल्डर्स को बोनस के रूप में दिया जा रहा है। 12 राइट्स के बदले 42 डॉलर के विशेष मूल्य पर थियोकोल का एक शेयर खरीद सकते हैं। अब जबकि स्टॉक का मूल्य 50 से ऊपर था और जो कोई भी स्टॉक-राइट्स का इस्तेमाल करना चाहता था, उसके लिए यह निश्चित रूप से सस्ता था। अगर नहीं, तो आप उन्हें एक निश्चित समय के भीतर अमेरिकन स्टॉक एक्सचेंज-जहाँ ये लिस्ट में थे और ट्रेड किए जाते थे- में बेच सकते थे।

हालाँकि इन राइट्स का एक और महत्वपूर्ण पक्ष था, जो इन्हें रोचक बना देता था। स्टॉक एक्सचेंज के नियम के हिसाब से अगर आप इन राइट्स का उपयोग कंपनी का स्टॉक खरीदने में करते हैं, तो आप विशेष सब्सक्रिप्शन अकाउंट का लाभ उठा सकते हैं। जब आप अपने राइट्स इस अकाउंट में जमा कर देते, तो ब्रोकर आपको इस स्टॉक की मार्केट में करंट वैल्यू का 75 प्रतिशत उधार दे सकता था। साथ ही इस क्रय पर कोई कमीशन चार्ज भी नहीं लगना था।

इस बात पर मैं उत्सुकता से उछल पड़ा। मुझे उधार पर स्टॉक्स का बड़ा सौदा लेने का अद्वितीय अवसर मिला था। मैंने अपने बाकी के धन के साथ इसमें डुबकी लगाने का फैसला कर लिया। मैंने अपनी स्थिति का एक मोटा-मोटा हिसाब फटाफट लगा लिया। अब मैं यहाँ इस स्थिति में था :

प्रारंभिक कुल निवेश	36,000 डॉलर
कुल लाभ(हानि घटाने के बाद)	3,19,000 डॉलर
कुल पूँजी	355,000 डॉलर
नकद जो वापस लिया	1,60,000 डॉलर
निवेश के लिए बची राशि	1,95,000 डॉलर

फिलहाल निवेश की हुई राशि

3,000 यूनिवर्सल प्रॉडक्ट्स	1,15,300 डॉलर	
1,500 थियोकोल	75,000 डॉलर	
	1,90,300 डॉलर	
मार्जिन नियम के अंतर्गत 70 प्रतिशत नकद		1,33,000 डॉलर
भविष्य में निवेश के लिए स्वतंत्र		62,000 डॉलर

अब एक नई विचित्र स्थिति आ गई थी। जैसे ही मैंने न्यूयॉर्क से अपने लोन के लिए व्यवस्था करने की कोशिश की, मैंने पाया कि 75 प्रतिशत लोन लेने का अधिनियम होने के बाद भी ब्रोकर्स के बीच में स्पेशल सब्सक्रिप्शन अकाउंट से ली जाने वाली रकम के बारे में काफी असहमति थी। जहाँ एक ब्रोकर स्टॉक के क्रय मूल्य का 75 प्रतिशत उधार देने को तैयार था, वहीं दूसरा स्टॉक की मार्केट वैल्यू का पूरा 75 प्रतिशत एडवांस देने को तैयार था। थियोकॉल 55 के आसपास कोट किया गया था, दूसरा वाला प्रस्ताव एक असाधारण उधार की आकर्षक स्थिति थी। मैंने इसका लाभ उठाने के लिए कदम बढ़ा दिया।

मैंने $1\frac{5}{16}$ के एवरेज मूल्य पर 36,000 राइट्स खरीद लिए जिसके लिए मैंने 49,410 डॉलर अदा किए। उन्होंने मुझे 42 डॉलर प्रति शेयर के हिसाब से 3000 थियोकॉल खरीदने का अधिकार प्रदान कर दिया। इसका मूल्य 1,26,000 डॉलर था, लेकिन राइट्स सब्सक्रिप्शन की वजह से मुझे केवल 6,000 नकद ही और देने पड़े। बाकी का धन मेरे एक ब्रोकर ने मुझे उधार दिया।

यह व्यवस्था इतनी फायदेमंद लगी कि मैंने भविष्य में ऐसी अद्वितीय क्रेडिट योजनाओं का लाभ उठाने के लिए अपने दिमाग को तैयार कर

लिया।

मैंने हिसाब लगाया कि 1,500 थियोकोल शेयरों के अपने ओरिजनल लॉट को बेचकर मैं स्पेशल सब्सक्रिप्शन नियम के अंतर्गत दोगुने खरीद सकता हूँ।

मैंने अपने स्टॉक 53½ के एवरेज मूल्य पर बेच दिए। इससे मुझे 57,000 डॉलर की नई क्रय शक्ति मिल गई। इससे मैंने 36,000 राइट्स का एक दूसरा ब्लॉक खरीद लिया। जैसा कि पिछले ऑपरेशन में हुआ था, मैंने उन्हें बदलकर थियोकॉल स्टॉक के 3000 शेयर्स का दूसरा ब्लॉक ले लिया।

यह ऑपरेशन इस तरह का दिखाई देता था:

(अ) बेचा - 1,500 शेयर थियोकोल स्टॉक

(ब) खरीदा - 36,000 थियोकोल राइट्स और इसके साथ

(स) खरीदा- 3,000 शेयर थियोकोल स्टॉर्क

6,000 शेयर्स के लिए कुल राशि 3,50,820 डॉलर लग गई।

दिसंबर के दूसरे सप्ताह में थियोकोल अमेरिकन से न्यूयॉर्क स्टॉक एक्सचेंज में शिफ्ट हो गया। यह तुरंत ही 8 पॉइंट बढ़ गया और उससे अगले सप्ताह में यह 100 तक पहुँच गया। जैसे-जैसे यह बढ़ता गया मेरा ब्रोकर परेशान हो गया होगा क्योंकि उसका एक तार मुझे मिला जिसमें यह लिखा था -

"आपके थियोकोल का लाभ अब 2,50,000 डॉलर"

यह मुझे तब मिला जब मैं पेरिस में 'जॉर्जेस वी' होटल में रुका हुआ था। मुझे अचानक महसूस हुआ कि मैं कोट्स देखने में इतना व्यस्त था कि मैं अपने नकद लाभ को भूल गया था, जो इकट्ठा होता जा रहा था। ब्रूस में हुए लाभ को जोड़कर अब मुझे आधे मिलियन डॉलर से ज़्यादा का लाभ हो चुका था। यह उससे ज़्यादा धन-राशि थी जितने के स्वामित्व के बारे में मैंने कभी सोचा था। इतनी राशि तो मुझे जीवन भर के लिए धनी बना सकती थी।

अचानक ही मुझे महसूस हुआ कि मेरे पास इतना धन आ गया है। मेरे शरीर का रोम-रोम कह रहा था, "बेचो-बेचो"। दुनिया में यह सबसे

बड़ा आकर्षण था।

मैं क्या करूँ? क्या यह स्टॉक और बढ़ेगा या फिर मैं अपना लाभ ले लूँ और बाहर हो जाऊँ? शायद यह और न बढ़े-हो सकता है नीचे गिर जाए। 'यह कब बेचना है' वाली पुरानी और काफी आकर्षक एक भयंकर दुविधा थी, क्योंकि मेरा बहुत-सा धन दाँव पर लगा हुआ था। अगर मैं यहाँ सही करता हूँ, तो मेरी पूरी ज़िंदगी बदल जाएगी। अगर मैं गलत करता हूँ तो हमेशा पछताता रहूँगा।

मैं बहुत अकेला महसूस कर रहा था। इस दुनिया में कोई ऐसा नहीं था, जो मुझे यह बता सके कि मैं इस परिस्थिति में क्या करूँ। मैंने बाहर जाकर कुछ ड्रिंक्स लेने और स्थिति पर स्वयं ही विचार करने का फैसला किया। बाहर जाने से पहले मैं अपनी ड्रेसिंग टेबल पर बैठा और एक छोटे से कार्ड पर लिखा, ''ब्रूस को याद रखना।'' इससे मुझे लगा कि यह मुझे पहले सीखी हुई बातों को याद दिलाएगा।

जब मैं पेरिस में घूम रहा था, मैं अपने इस छोटे से कार्ड पर उंगलियाँ फेर रहा था। हर समय मुझे लग रहा था कि थियोकोल बेचने के लिए अपने ब्रोकर को फोन कर दूँ। मैंने कार्ड बाहर निकाला, देखा और फिर झिझका।

अंततः मैंने इसे न बेचने का निर्णय ले लिया। यह मेरी नई मार्केट तकनीक का सबसे अच्छा उदाहरण था और यह कुछ भी हो, करने में बहुत सरल था। जब मैं होटल में वापस पहुँचा, मैं थक चुका था। मैं किसी भाग्य विजेता व्यक्ति से ज़्यादा ऐसा लग रहा था जैसे अभी आत्महत्या करने वाला हूँ।

परंतु मैं सही साबित हुआ। थियोकोल बढ़ता गया और पेरिस में लिए निर्णय की वजह से मैं इसे रखे रहा और इस स्टॉक से अधिक पैसे कमा सका।

कुछ सप्ताह बाद जनवरी, 1959 में मैं न्यूयॉर्क वापस आ गया। जब मैं आइट्रेल वाइल्ड एयरपोर्ट पर उतरा, तब मेरे पास 6,000 थियोकोल और 6,000 यूनिवर्सल कंट्रोल्स थे। दोनों ही बहुत अच्छे चल रहे थे। थियोकोल 100 पर था और यूनिवर्सल कंट्रोल्स बढ़कर 45 पर आ गया था।

न्यूयॉर्क में मेरी पहली मुलाकात मेरे ब्रोकर्स के साथ हुई। उनके साथ वॉल स्ट्रीट सौदों के बारे में बात हुई। उन्होंने मुझे बताया कि उनकी बुक्स के हिसाब से मेरे निवेश से मुझे आधा मिलियन डॉलर से ज़्यादा मिल चुके थे।

मैंने खुशी, आत्मविश्वास और सफलता महसूस की। मैंने प्लाजा होटल में एक कमरा लिया और तय कर लिया कि यहाँ रुकने के दौरान मैं नज़दीक से अपने स्टॉक मार्केट सौदे जारी रखूँगा।

मुझे कितना कम पता था कि मैं अपने आप को बेवकूफ बनाने के लिए ही अपने को तैयार कर रहा था। आगे के कुछ हफ्तों में मैं अपने को बर्बादी की कगार पर पहुंचाने वाला था।

अध्याय : नौ

मेरी दूसरी मुसीबत

आधा मिलियन डॉलर्स की खबर ने मुझे पर्याप्त आत्मविश्वास दे दिया। मेरे दिमाग़ में यह स्पष्ट था कि मैंने कैसे यह सब किया है और मैं आश्वस्त था कि मैं अपने इस कौशल को दोहरा सकता हूँ। मुझे इसमें कोई संदेह नहीं था कि मैं अपनी कला में पारंगत हो गया हूँ। तार के साथ काम करते हुए मैंने एक तरह से अपनी छठीं इन्द्रिय को विकसित कर लिया था। मैं अपने स्टॉक्स को महसूस कर सकता था। वैसे ही जैसे कोई संगीत का ज्ञाता संगीत के लिए रखता है। उसके कान किसी भी सामान्य सुर को तुरंत पकड़ लेते हैं, जिसे सामान्य श्रोता नहीं पकड़ पाते।

मैं यह भी बता सकता था कि स्टॉक अब क्या करेंगे। अगर 8 पॉइंट बढ़ने के बाद कोई स्टॉक 4 पॉइंट गिर जाता है, तो मैं सतर्क नहीं होता, क्योंकि मुझे पता है कि ऐसा ही होगा। अगर एक स्टॉक स्थिर होने लगता है, तो मैं बता सकता हूँ कि यह किस दिन बढ़ना शुरू होगा। यह एक रहस्यमयी, अवर्णनीय, आंतरिक भावना है, लेकिन मेरे दिमाग़ में यह बिलकुल नहीं है कि ऐसी भावना पर मेरा अधिकार है। इसकी वजह से मैं बहुत शक्तिशाली महसूस करता हूँ।

यही कारण था कि मैं धीरे-धीरे अपने को वित्त का नेपोलियन समझने लगा था, मुझे लग रहा था कि मैं किसी चमचमाती सड़क पर मार्च करने की तैयारी कर रहा हूँ। मैं किसी जोखिम से वाकिफ नहीं था। मुझे पता नहीं था कि इस रास्ते पर कोई खतरनाक राक्षस मेरा इंतज़ार कर रहा था। मैं तो बस इसी तर्क से संतुष्ट था कि आखिर कितने लोग मेरे जैसा कर पाए हैं।

मैंने इस व्यापार को करने का पूरा फैसला कर लिया। अगर मैं आधा मिलियन कमा सकता हूँ तो दो, तीन या पाँच मिलियन कमाने से मुझे कौन रोक सकता था? यद्यपि हाल ही में मार्जिन रिक्वायरमेंट बढ़कर 90 प्रतिशत हो गया था, परंतु मुझे यक़ीन था कि मैं दोबारा लाभ कमा सकता था। ब्रूस से हुए लाभ के अलग रखे 1,60,000 डॉलर उपयोग करके भी। इससे मैं किस्मत के नए द्वार खोल सकता था। मैं गंभीर होकर दैनिक ऑन स्पॉट डीलिंग करना चाहता था- ऐसा सौदा जिसमें मेरा पूर्व का क्रय-विक्रय चींटी के बराबर लगे।

सच्चाई यह थी कि जैसे-जैसे मेरी जेब की शक्ति बढ़ती गई, मेरा दिमाग़ कमज़ोर होता गया था। मैं अतिआत्मविश्वासी हो गया था और यह स्टॉक मार्केट में काम करने वालों के लिए दिमाग़ की खतरनाक स्थिति होती है। मुझे ऐसा बने हुए ज़्यादा समय नहीं हुआ था कि एक ऐसा कठोर सबक मिल गया जो स्टॉक मार्केट उन सब को सिखा देता है जो उसे लापरवाही से लेने के बारे में सोचते हैं।

न्यूयॉर्क में कुछ दिनों के बाद मैंने तय कर लिया कि मैं मार्केट से नज़दीकी संबंध स्थापित करूँगा। मुझे लगता था कि मेरे पास एक फूल-प्रूफ सिस्टम है और अगर मैं मार्केट के और नज़दीक जाऊँगा तो मुझे हर दिन अपना भाग्य बनाने से कोई नहीं रोक सकता। जब अपना भविष्य मुझे सुनहरा दिखाई पड़ने लगा, तब मैंने अपने एक ब्रोकर के ऑफिस जाने का फैसला किया।

पहली बार ऑफिस जाकर मुझे बहुत अच्छा लगा। उनका बोर्ड रूम बहुत बड़ा था। कुछ कुर्सियाँ एक हमेशा चलते रहने वाली छोटी-सी मशीन 'स्टॉक टिकर' के सामने रखी हुई थी। वहाँ का वातावरण बहुत ही उत्साहवर्धक और विद्युतीय प्रवाह से भरा हुआ था। कमरा, होशियार मगर घबराए लोगों से भरा हुआ था। वातावरण में शोर-शराबा और आपाधापी थी। टिकर्स टिक-टिक कर रहे थे, टाइपराइटर्स धड़ा-धड़ा चल रहे थे, टेलीग्राफ मशीन शोर मचा रही थीं और क्लर्क व्यस्तता में इधर-उधर दौड़-भाग रहे थे। हर तरफ से इसी तरह की बातें सुनने को मिल रही थी : "गुड

ईयर शेयर मुझे अच्छा नहीं लग रहा।" "मैं अब एनाकोंडा से बाहर निकल रहा हूँ।" "अब मार्केट किसी ओर भागने के लिए तैयार है।" पहले ही दिन इस विद्युतीय वातावरण से मैं काफी व्यग्र हो गया। अपनी सफलता को साथ लिए मैं इन परेशान लोगों की आशंका, आशा और भय से ऊपर था, लेकिन यह लंबे समय तक नहीं चला। जैसे ही मैंने बोर्ड रूम से रोज़-रोज़ ट्रेडिंग शुरू की, धीरे-धीरे मैं अपनी उन सारी बातों को छोड़ता गया और उन्हीं में शामिल हो गया। मैं तथ्यों के भ्रामक संयोग, नज़रिए और अफवाहों को सुनने लगा या ध्यान देने लगा। मैं मार्केट के पत्रों को पढ़ने लगा। मैं कुछ प्रश्नों के उत्तर भी देने लगा, जैसे "आप मार्केट के बारे में क्या सोचते हैं?" या "आपको सस्ते के बारे में क्या पता है?" इन सबका मेरे ऊपर मरणासन्न प्रभाव हो रहा था।

कुछ ही दिनों की ट्रेडिंग में मैंने पिछले छह सालों में सीखा हुआ सब कुछ किनारे रख दिया। मैंने वह सब कुछ किया जिसे न करने के लिए मैंने अपने को प्रशिक्षित किया था। मैंने ब्रोकर्स से बात की। मैंने अफवाहों पर ध्यान दिया। मैं कभी टिकर से अलग ही नहीं होता था।

ऐसा लग रहा था जैसे 'जल्दी अमीर बनो' वाले राक्षस ने मुझ पर कब्ज़ा कर लिया हो। मैंने अपना वह स्पष्ट दृष्टिकोण पूरी तरह से खो दिया जिसे मैंने तार के ज़रिए बड़ी सावधानी से बनाया था। कदम-दर-कदम मैं अपने को उस रास्ते पर ले जा रहा था, जहाँ मैंने अपने कौशल को गँवाना शुरू कर दिया।

मेरी पहली चीज़ जिसने मेरा साथ छोड़ा वह था मेरा अन्तर्ज्ञान। मुझे कुछ महसूस नहीं होता था। मुझे बस बिना किसी वजह के ऊपर-नीचे होता हुआ स्टॉक्स का जंगल दिखाई देता था। फिर मेरी स्वतंत्रता गायब हुई। मैं धीरे-धीरे अपना तरीका छोड़ता गया और दूसरों का अपनाता गया। पहली चीज़ जो मुझे पता थी, वह यह कि मैं भीड़ का अनुसरण कर रहा हूँ। मेरे तर्क ने मेरा साथ छोड़ दिया था और भावनाएँ पूरी तरह से हावी हो गई थीं।

अगर मैं इस तरह से बताऊँ तो यह समझना आसान होगा कि किस तरह मैं अपने तरीके को कसकर पकड़े हुए था : किसी भीड़ भरे थिएटर में

'आग-आग' का शोर मचा दिया जाए तो क्या होगा? लोग एक दूसरे को मारते, चोट पहुँचाते बाहर निकलने को भागेंगे।

एक डूबता हुआ आदमी बचने की कोशिश में, अपने बचाने वाले को शायद इस तरह से पकड़ ले कि उसको भी ले डूबे। ये सब अतार्किक गलत दृष्टिकोण हैं पर फिर भी आंतरिक भावना इन पर राज करने लगती है।

जैसे-जैसे मैं भीड़ का अनुसरण करने लगा, मैं भी उनकी तरह व्यवहार में एक ऐसा भ्रमिक, उत्साहित मेमना बन गया, जो दूसरों के साथ पिस रहा हो और अपने कटने का इंतज़ार कर रहा हो। जहाँ सब 'हाँ' कह रहे हों, मेरे लिए 'न' कहना बहुत मुश्किल था। जब वे सब डरते थे, मैं भी डरता था। जब वे सब आशावादी हो जाते थे, मैं भी हो जाता था।

मेरे साथ ऐसा उन सालों में भी नहीं हुआ, जब मैं नौसिखिया था। मैं अपना सारा कौशल और नियंत्रण खो चुका था, जो भी छूता था गलत हो जाता था।

मैं एक अपरिपक्व इंसान की तरह काम कर रहा था। मैंने अपने चारों तरफ सावधानीपूर्वक जो तंत्र बना लिया था, वह खत्म हो गया। मेरा हर ट्रांज़ेक्शन घोर संकट बन गया। मैंने दर्जन भर के करीब परस्पर विरोधी ऑर्डर दे दिए। मैंने 55 पर स्टॉक खरीदे, वे 51 पर चले गए। मैं बीच में लटक गया था। स्टॉप लॉस? यही पहली चीज़ थी जिसे मैंने छोड़ा था। धैर्य? निर्णय? मेरे पास कुछ नहीं था। बॉक्स? मैं उसे भी भूल गया। जैसे-जैसे दिन बीते मेरे ऑपरेशन का कुचक्र कुछ ऐसा दिखने लगा:

मैंने सबसे ऊँचाई पर खरीदा

जैसे ही मैंने खरीदा स्टॉक गिरने लगा

मैं डर गया

और सबसे नीचे आने पर बेच दिया

जैसे ही मैंने बेचा स्टॉक बढ़ना शुरू हो गया

मुझे लालच आ गया

मैंने फिर ऊँचाई पर खरीदा लिया

मुझमें बहुत ज़्यादा कुंठा भर गई थी। अपनी मूर्खता को दोष देने के बजाय, मैंने अपनी पराजय के और बहुत से कारण ढूँढ़ लिए थे। मैं कहता था कि 'वे लोग' इसकी वजह हैं। मुझे लगने लगा था कि 'वे लोग' मुझे महँगा बेच रहे हैं। 'वे लोग' ही मुझसे सस्ते में स्टॉक खरीद रहे हैं। ज़ाहिर है कि मैं यह किसी को बता नहीं पाता था कि 'वे लोग' कौन हैं, लेकिन इस वजह से मेरा उन्हें मानना बंद नहीं हुआ।

'वे लोग' जैसे अदृश्य लोगों से अपने दिमाग़ के किसी कोने में लड़ते हुए मैं उतावला हो गया था। मैं ज़िद्दी हो गया था। ये स्टॉक लगातार मुझे मार दे रहे थे। हर बार इनकी मार सहकर भी मैं इन पर एक झाड़ू फेर देता और दोबारा उसी पद्धति पर आ जाता था। मैं अपने आप से ही कहता रहता था कि मैं मार्केट में आधा मिलियन डॉलर से आगे हूँ और इसलिए मेरे साथ ऐसा नहीं हो सकता था।

मैं कितना गलत था।

यह समय पूरी तरह से बर्बादी का था। मैंने कुछ ही हफ्तों में 1,00,000 डॉलर गँवा दिए। मेरी ट्रेडिंग की विस्तृत सूची पढ़ने में किसी पागल का लेखा-जोखा लगती थी। मेरे लिए अब भी इस पर विश्वास करना बहुत मुश्किल है। अब मुझे पता है कि यह सब अहं जनित मिथ्या अभिमान था जो अति-आत्मविश्वास पैदा कर रहा था। यह बदले में बर्बादी की तरफ ले गया। मार्केट ने मुझे परास्त नहीं किया। यह तो मेरी अपनी ही अतार्किक और अनियंत्रित आंतरिक भावनाएँ थीं।

मैं स्टॉक खरीदता और कुछ ही घंटों में उन्हें बेच देता था। मुझे पता था कि अगर मैं एक ही दिन में क्रय-विक्रय करता हूँ, तो मेरे खाते में 25 प्रतिशत जैसे कम मार्जिन के साथ भी मुझे ऑपरेट करने की स्वीकृति मिल जाएगी। इनसे लाभ लेने के बजाय मैं हर बार कई हज़ार डॉलर गँवाने में सफल रहा। यह वह सूची है जिसने मेरे घोर संकट को अंजाम दिया :

हैवेग इंडस्ट्रीज 2,500 शेयर्स

70 पर खरीदा (1,76,150.00 डॉलर)

63½ पर बेचा (1,57,891.34 डॉलर)

हानि 18,258.66 डॉलर

<u>1,000 रोम केबल</u>

37 पर खरीदा (37,375.00 डॉलर)

31 पर बेचा (30,724.48 डॉलर)

हानि 6,650.52 डॉलर

<u>1,000 जनरल टाइम</u>

47¾ पर खरीदा (48,178.80 डॉलर)

44¾ पर बेचा (44,434.32 डॉलर)

हानि 3744.48 डॉलर

<u>500 एड्रेसोग्राफ-मल्टीग्राफ</u>

124½ पर खरीदा (62,507.25 डॉलर)

116½ पर बेचा (58,053.90 डॉलर)

हानि 4,453.35 डॉलर

<u>1,000 रिचहोल्ड कैमिकल्स</u>

63½ पर खरीदा (63,953.50 डॉलर)

61½ पर बेचा (61,158.37 डॉलर)

हानि 2,795.15 डॉलर

<u>2,000 ब्रन्सविक बल्के-कोलेंडर</u>

55½ पर खरीदा (1,11,891.00 डॉलर)

53½ पर बेचा (1,06,443.46 डॉलर)

हानि 5447.54 डॉलर

<u>2,000 रेथियोन</u>

60½ पर खरीदा (1,21,901.00 डॉलर)

57¾ पर बेचा (1,14,823.69 डॉलर)

हानि 7,077.31 डॉलर

2,000 नेशनल रिसर्च

24½ पर खरीदा (496,25.00 डॉलर)

22 पर बेचा (43,501.52 डॉलर)

हानि 6,123.48 डॉलर

4,000 अमेरिकन मेटल्स-क्लाइमेक्स

32⅞ पर खरीदा (1,32,917.60 डॉलर)

31⅝ पर बेचा (1,25,430.47 डॉलर)

हानि 7487.13 डॉलर

3,000 अमेरिकन मोटर्स

41¼ पर खरीदा (1,24,938.90 डॉलर)

40 पर बेचा (1,19,094.60 डॉलर)

हानि 5,844.30 डॉलर

2,000 मॉलीबेन्डम

49½ पर खरीदा (99,875.00 डॉलर)

47½ पर बेचा (94,352.50 डॉलर)

हानि 5,522.50 डॉलर

2,000 शेरॉन स्टील

48¼ पर खरीदा (97,362.60 डॉलर)

43¼ पर बेचा (85,877.27 डॉलर)

हानि 11,485.33 डॉलर

1,000 वॉरनर लाम्बर्ट

98½ पर खरीदा (98,988.50 डॉलर)

95½ पर बेचा (95,127.09 डॉलर)

हानि 3,861.41 डॉलर

1,000 ल्यूकेन्स स्टील

88 पर खरीदा (88,478.00 डॉलर)

81 पर बेचा (80,640.48 डॉलर)

हानि 7,837.52 डॉलर

कुल हानि 96,588.66 डॉलर

इस निराशाजनक सूची को देखने के बाद भी क्या आप हैरान हैं कि मैं स्टॉक्स को देखते ही डर से काँपने क्यों लगा था?

सीधी बात यह है कि मैं बहुत ज़्यादा पढ़ रहा था और बहुत ज़्यादा करने की कोशिश कर रहा था। यही कारण था कि मैं उस स्तर पर बहुत जल्दी पहुँच गया था जहाँ मैं स्टॉक मार्केट के कोट्स में अंकों को पढ़ सकता था, परंतु अब वे मुझे कुछ भी नहीं बता रहे थे। इसके बाद ही और भी बुरे दौर आए। कभी खत्म न होने वाले नुकसान, भ्रम से डरा हुआ, अफवाहों से टूटा हुआ मैं अब अंकों को भी नहीं देख पा रहा था। मेरा समन्वय टूट गया था।

मैं पूरा दिन अंकों के कॉल्स में डूबा रहता था, जिसे मेरी आँखें सावधानी से पढ़ती थीं, लेकिन मैं कुछ भी समझ नहीं पाता था। मेरा दिमाग़ धुंधला गया था। इस आखरी स्थिति ने वाकई मुझे डरा दिया। मेरी स्थिति एक नशेड़ी जैसी हो गई थी जो वास्तविकता से नाता तोड़ देता है और समझ नहीं पाता कि ऐसा क्यों हो रहा है।

संकट के कुछ हफ़्तों के बाद मैं शांत होकर यह कारण जानने बैठा कि आखिर मेरे साथ ऐसा क्यों हो रहा है? आखिर क्यों हाँगकाँग, कोलकाता, सायगॉन और स्टॉकहोम में रहते हुए भी मुझमें वह बात थी जो आज वॉल स्ट्रीट से आधा मील दूर रहने पर भी नहीं रही है? क्या अंतर आ गया है?

इस समस्या का कोई आसान हल नहीं था और मैं बहुत लंबे समय तक चकरा चुका था। फिर एक दिन, प्लाज़ा होटल में बैठा हुआ मैं एक फोन कॉल करने से डर रहा था कि अचानक मुझे कुछ समझ में आया। जब मैं विदेश में था, मैं किसी बोर्ड रूम में नहीं जाता था, किसी से बात नहीं करता था, कोई टेलीफोन कॉल नहीं लेता था, कोई टिकर नहीं देखता था।

समस्या का निदान मेरे कानों में फुसफुसा रहा था, लेकिन पहले मैंने इस पर ध्यान ही नहीं दिया। यह इतना हैरान करने वाला, इतना आसान

और फिर भी इतना असाधारण था कि मुझे विश्वास ही नहीं हुआ। वह था : मेरे कान ही मेरे दुश्मन थे।

यह मेरे लिए किसी रहस्योद्घाटन जैसा था कि जब मैं विदेश-भ्रमण कर रहा था तब मैं बिना किसी रुकावट या अफवाह के, बिना किसी भावना या अहं के मार्केट या अपने कुछ पसंदीदा स्टॉक्स का अंदाज़ा लगाने में सक्षम था।

मैंने बस दैनिक तारों के ज़रिए ही काम किया, जिसने मुझे मेरा स्वरूप दिया। इसने मुझे मेरे स्टॉक्स के व्यवहार का रास्ता दिखाया। वहाँ कोई अन्य प्रभाव नहीं था, क्योंकि मैं कुछ और देखता या सुनता नहीं था।

न्यूयॉर्क में ऐसा कुछ नहीं था। यहाँ रुकावटें, अफवाहें, डर, परस्पर विरोधी सूचनाएँ सभी कुछ मेरे कानों में जा रही थीं। इसका परिणाम यह हुआ कि मेरी भावनाएँ स्टॉक्स से जुड़ने लगीं और निरपेक्ष भावना चली गई।

मैंने तय किया कि इन सबका एक ही जवाब था। मुझे स्वयं को ढूँढ़ने की कोशिश करनी चाहिए। अपना सारा धन गँवाने से पहले मुझे तुरंत कहीं दूर, न्यूयॉर्क से बहुत दूर चले जाना चाहिए।

इस दौरान केवल एक ही चीज़ थी जिसने मुझे बर्बाद होने से बचाए रखा। यूनिवर्सल कंट्रोल और थियोकोल ठीक चल रहे थे और मैंने उन्हें अलग छोड़ दिया था। मुझे अब समझ में आ रहा था कि मैंने ऐसा इसलिए किया क्योंकि उन पर ध्यान देने का मेरे पास समय नहीं था। मैं उन स्टॉक्स की ट्रेडिंग कर रहा था जो मेरे धन का नाश कर रहे थे।

मैंने स्थिति का फिर से जायज़ा लिया और इन दो स्टॉक्स के अलावा सभी स्टॉक्स से मुक्ति पा ली। फिर मैंने पेरिस के लिए उड़ान भरी। जाने से पहले मैंने एक बहुत ही महत्वपूर्ण निर्णय लिया। मैंने अपने सभी ब्रोकर्स को निर्देश दिया कि जो भी बहाना हो मुझे किसी तरह की खबर न भेजें, न ही फोन करें। मुझे उनसे और वॉल स्ट्रीट से जो एकमात्र संपर्क चाहिए था वह था रोज़ के तार।

मैं पेरिस में हैरान-सा इधर-उधर घूमता रहा। मेरा दिमाग़ अभी भी स्टॉक मार्केट के अर्थहीन, धुंधले कोटेशन्स में घूम रहा था। मुझे दैनिक तार

प्राप्त होने लगे, किंतु मेरे लिए इनका बहुत खास अर्थ नहीं था। मैंने लगभग पूरा संपर्क तोड़ दिया था। मुझे उस व्यक्ति की तरह लगता था जिसके साथ कोई बड़ी दुर्घटना हुई हो और उसे लगता हो कि वह कभी ठीक नहीं हो पाएगा। मैं पूरी तरह से निराश हो चुका था।

फिर जब मुझे लगने लगा कि मेरी यह स्थिति स्थाई-सी हो गई है, तभी कुछ हुआ। मैं दो सप्ताह से पेरिस में ही था जब एक दिन अपने होटल 'जार्जेस वी' में मैंने अपना दैनिक तार उठाया। जब मैंने उसे ध्यान से बिना किसी उत्साह के देखा तो उसके अंक कुछ कम धुंधले दिखाई पड़े। पहले तो मुझे विश्वास नहीं हुआ। मुझे लगा कि मैं उन्हें लगातार ऐसे देख रहा हूँ जैसे मैंने इन्हें पहले कभी न देखा हो, क्योंकि मुझे डर लगता था कि मैं कहीं सपना तो नहीं देख रहा हूँ।

मैं बेताबी से अगले दिन के तार का इंतज़ार करने लगा। जब यह मुझे मिला तो कोई शक नहीं रहा : अंक अधिक स्पष्ट और अधिक परिचित लग रहे थे। ऐसा लग रहा था जैसे कोई पर्दा हट गया हो। एक बार फिर मेरे सामने छवि बननी शुरू हो गई थी, जो मुझे स्टॉक्स के भविष्य की कुछ झलक दिखला रही थी।

आगे आने वाले दिनों में मेरे तार और भी अधिक स्पष्ट होते गए, मैं पुराने दिनों की तरह ही उनके कोट्स पढ़ने लगा। एक बार फिर मैंने कुछ स्टॉक्स को मज़बूत और कुछ को कमज़ोर पाया। साथ ही साथ मेरी 'भावना' वापस आने लगी। धीरे-धीरे मेरा आत्मविश्वास वापस आने लगा। मैंने फिर से इतना साहस जुटा लिया कि मार्केट में काम शुरू कर सकूँ।

मुझे सबक मिल गया था। मैंने यह स्थाई नियम बना लिया कि अब कभी भी ब्रोकरेज के ऑफिस में नहीं जाऊँगा। मेरे ब्रोकर्स को भी मैं फोन करने से मना कर दूँगा। मेरे पास तार द्वारा केवल स्टॉक के कोटेशन आएँगे और कुछ नहीं।

अगर मैं न्यूयॉर्क होटल लौटता भी हूँ, जहाँ मेरी संकटपूर्ण स्थिति की तस्वीर बनी थी तथा जो वॉल स्ट्रीट से बहुत थोड़ी दूर पर है, वहाँ रहते हुए भी मेरे निर्देश यही रहेंगे। मैं वॉल स्ट्रीट को अपने से हज़ारों मील दूर मान

लूँगा। हर दिन मेरे ब्रोकर मुझे तार भेज देंगे, वैसे ही जैसे हांगकांग, कराची या स्टॉकहोम में भेजते थे।

मेरे ब्रोकर मेरे बताए हुए स्टॉक्स के अलावा और किसी का कोट नहीं भेजेंगे। वे मुझे किसी नए स्टॉक के बारे में नहीं बताएँगे क्योंकि वह तुरंत ही अफवाह की श्रेणी में आ जाएगा। जैसा कि मैं करता आया हूँ, मैं साप्ताहिक फाइनेंशियल अखबार पढ़कर खुद ही अपने नए स्टॉक्स चुनूँगा। अगर मुझे कोई स्टॉक्स पसंद आए और वह बढ़ने के लिए तैयार दिखेगा, तो मैं उसके कोटेशन की माँग खुद करूँगा।

मैं एक बार में एक कोटेशन के लिए ही पूछूँगा, फिर, जैसा मैंने पहले किया है, मैं इसमें आगे बढ़ने से पहले उसका अध्ययन करूँगा। एक हवाई दुर्घटना से बचा व्यक्ति यह जानता है कि अपनी हिम्मत बनाए रखने के लिए उसे तुरंत हवाई यात्रा कर लेनी चाहिए। मुझे भी इस तरीके को अचूक बनाने के लिए एक ही रास्ता पता था। मैंने न्यूयॉर्क वापस जाने के लिए हवाई टिकट ले लिया।

अध्याय : दस

दस करोड़

1959 की फरवरी के तीसरे सप्ताह में जब मैं न्यूयॉर्क वापस आया, तब तक मैं अपने पागलपन वाले दौर के झटके से पूरी तरह ठीक हो चुका था और मैं दोबारा से मार्केट में निवेश करने लगा था।

अपनी मूर्खता से लगी चोटों के निशान अभी भी मैं महसूस करता था, लेकिन मैं किसी ऐसे व्यक्ति की तरह था जो बुरे अनुभव से बाहर निकलकर अधिक शक्तिशाली और बेहतर महसूस करता है। मैंने अपना आखरी सबक सीख लिया था। मुझे पता था कि अब सख्ती से मुझे उसी तंत्र का अनुसरण करना है, जो मैंने अपने लिए बनाया है। मैंने समझ लिया था कि अगर मैं इससे एक बार के लिए भी हटा तो मुसीबत में पड़ जाऊँगा। मेरा पूरा आर्थिक तंत्र तुरंत ही खतरे में आ जाएगा और वह ताश के पत्तों की तरह ढह सकता है।

न्यूयॉर्क में मेरा पहले काम अपने चारों ओर लोहे का ऐसा घेरा बनाना था जिससे यह पक्का हो जाए कि मैं अपनी पुरानी गलतियों को नहीं दोहराऊँगा।

मैंने सबसे पहले अपनी डील को छह ब्रोकर्स में बाँट देने का निर्णय लिया। इस तरह से मेरे सौदों की कोई नकल नहीं कर सकता था। मेरे काम में उनके हस्तक्षेप को रोकने के लिए मैंने सीमा बना दी। यह ऐसा सुरक्षा सिद्धांत है, जिसका इस्तेमाल मैं आज भी कर रहा हूँ।

इस तरह से मैंने सारा काम किया: मैंने अपने ब्रोकर को वॉल स्ट्रीट के बंद होने के बाद तार भेजने को कहा, इस तरह वे मुझ तक शाम 6 बजे के बाद ही पहुँच सकते थे। यही वह समय था जब मैं उठता था–यह सालों

से नाइटक्लब्स में डांस प्रस्तुत करने का नतीज़ा था। इसी बीच, टेलीफोन ऑपरेटर को निर्देश थे कि दिन के समय में वह किसी कॉल को मुझ तक न भेजे।

इस तरह से मेरे सोने के समय में ही वॉल स्ट्रीट की सारी गतिविधियाँ हो जाती थीं। जब मैं सो रहा होता था, वे लोग काम कर रहे होते थे। इस तरह वे न तो मुझ तक पहुँच सकते थे, न ही मुझे चिंतित कर सकते थे। अगर अनुमान के विपरीत कुछ हो भी जाए, तो मेरा प्रतिनिधि, मेरा स्टॉप-लॉस आर्डर, मुस्तैद रहता था।

शाम सात बजे मैं अपने दैनिक तार पढ़ता था और अपने भविष्य की डीलिंग्स का निर्णय लेता था। यह सब करने से पहले मैं दोपहर के अखबार की एक प्रति खरीद लेता था, जिसमें वॉल स्ट्रीट के क्लोजिंग प्राइज़ दिए होते थे। मैं उस दिन के कोटेशन वाले पन्ने फाड़ लेता था और बाकी का वित्तीय खण्ड फेंक देता था। मैं कोई भी वित्तीय कहानियाँ या कमेंट्री नहीं पढ़ना चाहता था, चाहे वे कितनी भी अच्छी क्यों न हों। ये मुझे सही मार्ग से भटका सकती थीं।

इसके बाद जब वॉल स्ट्रीट सोता था, मैं अपने तार और अखबार से निकाले पन्ने के साथ काम करने बैठ जाता था।

कई सप्ताह तक मैं अपने आहत आत्मविश्वास की मरहम पट्टी में लगा रहा। जो दो स्टॉक मैंने नहीं बेचे थे, बढ़ते रहे। यूनिवर्सल कंट्रोल्स बिना किसी रुकावट के तब तक बढ़ता रहा जब तक वह 60 तक नहीं पहुँच गया। जब मैं पिछली बार न्यूयॉर्क आया था तब की तुलना में यह 40 प्रतिशत बढ़ चुका था। थियोकोल भी उतना ही अच्छ चल रहा था और अब 110 से आगे निकलने वाला था।

यह सब कुछ बहुत बढ़िया था। मैंने तय किया कि अभी इन्हें छेड़ने का कोई कारण नहीं था। अपने कटु अनुभव से लैस और अपने नए मज़बूत घेरे के पीछे खाई से घिरा हुआ मैं मार्केट में बहुत सावधानी से आत्मविश्वास के साथ बढ़ रहा था। मेरे कुछ सफल ऑपरेशन यह थे :

1,000 जनरल टायर एण्ड रबर

56 पर खरीदा (56,446.00 डॉलर)

69½ पर बेचा (69,151.01 डॉलर)

लाभ 12,705.01 डॉलर

1,000 सैन्को इंस्ट्रूमेन्ट्स

19½ पर खरीदा (19,775.00 डॉलर)

23½ पर बेचा (23,247.63 डॉलर)

लाभ 3,472.63 डॉलर

500 अमेरिकन फोटोकॉपी

71½ पर खरीदा (35,980.75 डॉलर)

79½ पर बेचा (39,570.92 डॉलर)

लाभ 3,590.17 डॉलर

1,000 यूनियन ऑयल ऑफ कैलीफ

46 पर खरीदा (46,420.00 डॉलर)

50 पर बेचा (49,669.00 डॉलर)

लाभ 3249.00 डॉलर

500 पोलारोएड

121 पर खरीदा (60,755.50 डॉलर)

127 पर बेचा (63,299.08 डॉलर)

लाभ 2,543.58 डॉलर

500 ब्रन्सविक बाल्के-कोलेंडर

71¼ पर खरीदा (35,855.65 डॉलर)

77 पर बेचा (38,322.08 डॉलर)

लाभ 2,466.43 डॉलर

500 बैल एण्ड हॉवेल

93 पर खरीदा (46,741.50 डॉलर)

99¼ पर बेचा (49,436.81 डॉलर)

लाभ 2,695.31 डॉलर

स्टॉक मार्केट होने की वजह से मेरी सभी डील सफल नहीं रहीं। कुछ स्टॉक वैसे नहीं चले जैसा मैंने सोचा था। यहाँ कुछ ट्रांज़ेक्शन हैं, जिनमें हानि हुई :

1,000 सैन्को इंस्ट्रूमेन्ट्स

23 पर खरीदा (23,300.00 डॉलर)

22 पर बेचा (21,755.76 डॉलर)

हानि 1,544.24 डॉलर

500 रिचहोल्ड कैमिकल्स

65 पर खरीदा (32,727.50 डॉलर)

63¾ पर बेचा (31,703.17 डॉलर)

हानि 1,024.33 डॉलर

1,000 फैनस्टील

63½ पर खरीदा (63,953.50 डॉलर)

62 पर बेचा (61,657.96 डॉलर)

हानि 2,295.54 डॉलर

500 फिलाडेल्फिया एण्ड रीडिंग

131 पर खरीदा (65,760.50 डॉलर)

129¾ पर बेचा (64,672.79 डॉलर)

हानि 1,087.71 डॉलर

ये दो टेबल मेरे तरीके की पूरी तरह से पुष्टि करते हैं। आप देखेंगे कि हर स्टॉक में निवेश किए हुए धन में हानि के अनुपात में लाभ बहुत ज़्यादा है। याद रखिए कि ये सारे ऑपरेशन न्यूयॉर्क से न्यूयॉर्क में ही तार द्वारा किए गए। मैं अपने ब्रोकर्स से न कभी मिला और न ही बात की। कई बार दिन की ट्रेडिंग के समय जब मेरे अधीन स्टॉक्स एक मरती हुई चिड़िया की तरह पंख फड़फड़ा रहे होते थे या असफल हो रहे होते थे तो मेरे ब्रोकर्स को

टेलीफोन उठाकर मुझे सतर्क करने के लिए बेचैनी ज़रूर हुई होगी। उन्हें लगा होगा कि मैं शायद दुनिया का सबसे बड़ा मूर्ख हूँ जो उन्हें ऐसा करने से रोक रहा हूँ, लेकिन मेरा नियम सख्त था। मैं रोज़ शाम छह बजे अच्छी या बुरी खबर सुनता था, जब मेरा तार पहुँचता था। इसके बाद मैं काम करना शुरू करता था।

न्यूयॉर्क में ट्रेडिंग करते हुए कुछ सप्ताह ऐसे ही बीतने के बाद यूनिवर्सल कंट्रोल्स में परेशानी के चिन्ह दिखने शुरू हो गए। यह अपनी ऊपर जाती हुई प्रगति को छोड़ने लगा। इसकी गतिविधि और प्राइज़ एडवांस बहुत ही तूफानी हो गए थे।

यह परेशानी के संकेत दे रहा था और परेशानी आई भी। मार्च के पहले सप्ताह में 66 पर रहने के बाद यह स्टॉक तीन हफ्तों में ही 102 पर पहुँच गया। इसी बिन्दु पर इसने अपनी गति को बदल दिया और दूसरी दिशा में जाने लगा। मुझे इस तरह की गिरावट बिलकुल भी अच्छी नहीं लगी। यह लगातार बिना रुकावट के गिरता गया और अब इसके बढ़ने के कोई आसार दिखाई नहीं दे रहे थे। मुझे इसमें कोई शक नहीं था कि मेरी छुट्टी अब खत्म हो गई है। अगर मैं सावधान नहीं रहूँगा, तो खड़ी चोट लग सकती है, इसलिए मैंने अपना स्टॉप लॉस उस दिन के क्लोज़िंग मूल्य के अनुसार दो पॉइंट ऊपर कर दिया। अगली सुबह 86¼ और 89¾ के बदलते मूल्यों के बीच यूनिवर्सल कंट्रोल्स बिक चुका था। यह अपनी ऊँचाई से 12 बिन्दु नीचे था। फिर भी मैं इससे बहुत संतुष्ट था। नाखुश होने का कोई कारण भी नहीं था। मैंने एक लंबी और बहुत लंबी यात्रा पूरी कर ली थी और कुल विक्रय मूल्य 5,24,669.97 डॉलर था। इससे मुझे 4,09,356.48 डॉलर का लाभ हुआ।

अब मेरे पास निवेश के लिए काफी धनराशि थी। मैंने मार्केट पर सावधान नज़र डाली। मैं हर बार की तरह किसी सक्रिय उच्च मूल्य वाले स्टॉक की तलाश में था। इस समय एक और मुसीबत उभरी जिससे एक सही स्टॉक ढूँढ़ना और मुश्किल हो गया। इस अपार धनराशि के साथ मुझे बहुत सावधान रहने की ज़रूरत थी जिससे मैं मेरी खरीद के चलते मार्केट

को गलत ढंग से प्रभावित न होने दूँ।

कुछ खोजबीन के बाद मैं एक स्टॉक पर रुका जो मेरी सभी मुश्किल अपेक्षाओं की पूर्ति करता था। यह टैक्सास इंस्ट्रूमेन्ट्स था।

मैंने अप्रैल के दूसरे सप्ताह में $94\frac{3}{8}$ के एवरेज मूल्य पर 2000 शेयर खरीदे और फिर $97\frac{7}{8}$ पर 1,500 खरीदे। जब यह स्टॉक ठीक चलता रहा तो मैंने 2,000 शेयर और खरीद लिए। इस अंतिम क्रय का एवरेज मूल्य $101\frac{7}{8}$ था। इसमें काफी ज़्यादा धनराशि–शायद आधा मिलियन डॉलर्स लगी हुई थी। मेरा टैक्सास इंस्ट्रूमेन्ट्स का क्रय इस तरह था :

$94\frac{3}{8}$ पर 2,000 शेयर	1,89,718.80 डॉलर
$97\frac{7}{8}$ पर 1,500 शेयर	1,47,544.35 डॉलर
$101\frac{7}{8}$ पर 2,000 शेयर	2,04,733.80 डॉलर
कुल 5,500 शेयर	***5,41,996.95 डॉलर***

अब जबकि यूनिवर्सल कंट्रोल्स से निकाली गई धनराशि पुनः निवेश हो गई, तो मैंने अपना ध्यान एक बार फिर थियोकोल पर लगा दिया।

थियोकोल और मैं अब लंबे समय तक साथ रहने वाले साथी हो गए थे और अन्य पुराने समय के साथियों की तरह हमारे बीच एक विशेष संबंध बन गया था। मैंने थियोकोल को अन्य स्टॉक्स की तुलना में हमेशा ही हवा के रुख के साथ बहने दिया था, क्योंकि कुछ हद तक मुझे इस स्टॉक के बारे में कुछ खास महसूस होता था और इसलिए भी क्योंकि मुझे इसके विशेष सब्सक्रिप्शन अकाउंट से काफी फायदा हुआ था।

उधार की ऐसी व्यवस्था को छोड़ना मूर्खता थी और इसलिए मैं इसके पीछे आते हुए स्टॉप लॉस को इसके बढ़ने से बहुत पीछे रखता था। ऐसा मैं किसी अन्य स्टॉक के साथ नहीं कर सकता था, लेकिन थियोकोल के मामले में ऐसा करने से मैं दो बार इसे बेचने से बच गया। दूसरी बार ऐसा तब हुआ जब अप्रैल के पहले सप्ताह में इसमें काफी बुरी प्रतिक्रिया हुई थी। ऐसा इसके 'एक से तीन' में विभाजन की घोषणा से हुआ।

यह इतना बुरा था कि मुझे लग रहा था जैसे इस बार मैं इससे अलग

हो जाऊँगा, लेकिन इस प्रक्रिया का अंत मैंने अपने स्टॉप लॉस पर छोड़ दिया।

उस समय यह नहीं बिका और गिरावट जल्दी ही ज़ोरदार वृद्धि में बदल गई। हालाँकि थियोकोल को पसंद करने वाला अकेला मैं ही नहीं था। नए विभाजित हुए स्टॉक को जनता की ज़बर्दस्त प्रतिक्रिया मिली जिससे यह मई के प्रथम सप्ताह में 72 हो गया। इसकी प्रतिक्रिया बहुत बढ़िया थी। इससे हतप्रभ करने वाली स्थिति उत्पन्न हो गई:

सप्ताह के लिए इसका वॉल्यूम 5,49,400 शेयर्स हो गया।

सप्ताह भर में यह 13$\frac{1}{4}$ पॉइंट बढ़ गया।

इसका ट्रेडिंग टर्न ओवर कुल 4,00,00,000 डॉलर हो गया।

ऐसा लगता था जैसे न्यूयॉर्क स्टॉक एक्सचेंज का हर ट्रेडर थियोकोल को ही खरीदने-बेचने के अलावा और कुछ नहीं कर रहा था।

यह ज़्यादा समय नहीं चला। न्यूयॉर्क स्टॉक एक्सचेंज के गवर्नर ने सारे स्टॉप ऑर्डर निलंबित करने का फैसला कर दिया। इसका प्रभाव यह हुआ कि अधिकांश ट्रेडर्स ने स्टॉक को छोड़ दिया। वे ऐसे स्टॉक को खरीद और बेच नहीं सकते थे जिसमें वे खुद की रक्षा न कर सकें। इसका मतलब यह था कि मैं अपने आप ही स्टॉक से बाहर हो गया था। उन्होंने मेरा सबसे शक्तिशाली अस्त्र मुझसे छीन लिया था और मैं इसके बिना काम नहीं कर सकता था।

मैंने अपना थियोकोल 68 के एवरेज प्राइज पर बेच दिया। इससे तीन भागों में विभाजित थियोकोल से मुझे मेरे ओरिजनल 6,000 शेयर्स के लिए 200 डॉलर प्रति शेयर से ज़्यादा मिले। मैंने कुल 3,50,820 डॉलर अदा किए थे। मेरे 18,000 विभाजित शेयर्स के लिए मुझे 1212851.52 डॉलर मिले। मेरा लाभ 862031.52 डॉलर था।

अब मार्केट में एक मिलियन डॉलर वापस डालने की संभावना से बहुत-सी परेशानियाँ आ सकती थीं। मुझे बहुत ही ज़्यादा सावधान रहने की ज़रूरत थी। किसी अन्य स्टॉक में लगाने के लिए यह बहुत ज़्यादा धन था। मेरी धनराशि इतनी ज़्यादा थी कि यह मार्केट पर ज़रूर अपना प्रभाव

डालती।

सच यह भी था कि मेरा स्टॉप लॉस बहुत व्यावहारिक नहीं रह गया था, क्योंकि कोई भी ट्रेडर या विशेषज्ञ कुछ ही सेकंड के समय में इतनी बड़ी तादाद में स्टॉक को ले नहीं सकता था।

अब एक ही रास्ता बचा था: मैंने अपना फंड दो भागों में बाँटना तय कर लिया। जब मैंने ऐसा करना तय कर लिया तो तुलनात्मक रूप से चुनाव करना आसान हो गया। अब मुझे चार स्टॉक के बीच में निर्णय करना था: जेनिथ रेडियो, लिट्टन इंडस्ट्रीज़, फेयर चाइल्ड कैमरा और बैकमैन इंस्ट्रूमेन्ट्स। मैं काफी समय से इन पर नज़र रखे हुए था। मेरी टेक्नो-फंडामेंटलिस्ट थ्योरी के हिसाब से ये सभी ठीक थे। अब देखना यही था कि मैं किन दो को पसंद करूँ। यह करने का एक ही रास्ता था। मार्केट में उनकी शक्ति ही यह फैसला होने दे।

यूनिवर्सल कंट्रोल्स और थियोकोल के साथ सफलतापूर्वक जो तकनीक मैंने इस्तेमाल की थी, उसी के हिसाब से मैंने इन चारों में 1959 की 13 मई को नमूना खरीद की :

500 शेयर जेनिथ रेडियो 104 पर (52247 डॉलर)

500 शेयर बैकमैन इंस्ट्रूमेन्ट्स 66 पर (33228 डॉलर)

500 शेयर फेयर चाइल्ड कैमरा 128 पर (64259 डॉलर)

500 शेयर लिट्टन इंडस्ट्रीज़ 112 पर (56251 डॉलर)

इन सभी स्टॉक्स पर मैंने इनके क्रय मूल्य से 10 प्रतिशत नीचे का स्टॉप लॉस और लगा दिया।

मुझे पूरी तरह से पता था कि ये स्टॉप लॉस अस्पष्ट और बहुत मशीनी हैं। यह अगर बेकार भी है, तो भी सोच-विचार कर अपनाया हुआ तरीका है। मैं इस प्रक्रिया को किसी उद्देश्य के साथ उपयोग में लाता हूँ, क्योंकि मैं जानता कि यह आगे-पीछे इन चारों में से सबसे कमज़ोर को हटा दी देगा।

18 मई को मैं बैकमैन इंस्ट्रूमेन्ट्स से 60 पर बाहर हो गया और 19 मई को मैंने लिट्टन इंडस्ट्रीज को 106¼ पर बेचने का निर्णय ले लिया जो बाकियों से खराब चल रहा था। अब मैंने बचे हुए स्टॉक्स पर स्टॉप लॉस

लगा कर पुनर्व्यवस्थित कर दिया।

मई के चौथे सप्ताह में मैं अपने 10,00,000 डॉलर से ज़्यादा इन दो मज़बूत स्टॉक्स में लगाने के लिए तैयार हो गया। मेरा कुल क्रय इस प्रकार था :

जैनिथ रेडियो

104 पर 500 शेयर	52,247.00 डॉलर
99¾ पर 1,500 शेयर	1,50,359.70 डॉलर
104 पर 1,000 शेयर	1,04,494.00 डॉलर
105¼ पर 1,000 शेयर	105,745.30 डॉलर
107½ पर 1,500 शेयर	1,61,996.25 डॉलर
कुल 5,500 शेयर	***574,842.25 डॉलर***

फेयर चाइल्ड कैमरा

128 पर 500 शेयर	64,259.00 डॉलर
123¼ पर 1,000 शेयर	1,23,763.30 डॉलर
125 पर 1,000 शेयर	12,515.00 डॉलर
126¼ पर 1,000 शेयर	1,26,766.30 डॉलर
127 पर 1,000 शेयर	1,27,517.00 डॉलर
कुल 4,500 शेयर	***567,820.60 डॉलर***

मेरी अल्पकालीन ट्रेडिंग को हटाकर मेरा फंड स्टॉक दर स्टॉक निम्न तरीके से घूमता रहा :

मार्च-अप्रैल 1959

बेचा यूनिवर्सल कंट्रोल्स	5,24,670 डॉलर	
खरीदा टैक्सास इंस्ट्रूमेन्ट्स		5,41,997 डॉलर

मई 1959

बेचा थियोकोल कैमिकल	12,12,850 डॉलर	
खरीदा जैनिथ रेडियो		5,74,842 डॉलर
खरीदा फेयर चाइल्ड कैमरा		5,67,821 डॉलर

कुल प्राप्ति 17,37,520 डॉलर

मार्जिन 2,74,600 डॉलर

14,62,920 डॉलर

पिछले ऑपरेशन्स से मिला नकद 70,000 डॉलर

पुनः निवेश के लिए उपलब्ध धन 15,32,920 डॉलर

कुल पुनः निवेश (90 प्रतिशत मार्जिन पर) 16,84,660 डॉलर

उस समय मेरे पास छह ब्रोकर थे। मैंने उनमें से तीन के साथ अकाउंट बंद कर दिए। इसके बाद मैं बैठकर इन स्टॉक्स को देखने लगा जो मेरे पास थे। मेरे पास करने को कुछ नहीं था क्योंकि टैक्सास इंस्ट्रूमेन्ट्स, जैनिथ रेडियो और फेयर चाइल्ड कैमरा मेरे लिए काम कर रहे थे।

जून में वॉल स्ट्रीट और प्लाज़ा होटल के बीच टेलीग्राम्स का आना-जाना लगा रहा। ये वेस्टर्न यूनियन ऑपरेटर्स के लिए अर्थहीन थे परंतु मेरे लिए बहुत अर्थ रखते थे। उदाहरण के लिए, 9 जून को मुझे यह तार मिला-

"जेड $122\frac{1}{2}$ ($124-116\frac{3}{4}$) टी $119\frac{1}{4}$ ($121\frac{1}{2}-117\frac{1}{4}$) एफ 125 (126-121)"

अगले दिन का तार ऐसा था :

"ज़ेड $132\frac{3}{8}$ ($132\frac{1}{2}$ -125) टी $123\frac{3}{4}$

($123\frac{7}{8}-120\frac{3}{8}$) एफ 130 ($130-126\frac{1}{2}$)"

ये ऑपरेटर्स के लिए ऊबाऊ अर्थहीन चित्रलिपि जैसे थे परंतु मेरे लिए बहुत महत्व रखते थे। इनसे मुझे पता लगा कि मेरी अधिसम्पत्ति का मूल्य एक ही दिन में 100000 डॉलर बढ़ गया है।

ज़िंदगी अजीब होती जा रही थी। प्लाज़ा में बैठकर मैं हर शाम अपने तार पढ़ता और उन्हें फाइल में रखता जाता था। इससे ज़्यादा करने को कुछ नहीं था। मैं खुशी और बेचैनी महसूस करता था, लेकिन शक्तिहीन था। मैं उस वैज्ञानिक की तरह हो गया था जिसने वर्षों की मेहनत और शोध के बाद चन्द्रमा के लिए एक रॉकेट सफलतापूर्वक भेज दिया था और उसको ऊपर

और ऊपर जाते देखते हुए उसे महान उपलब्धि का एहसास तो हो रहा था, लेकिन साथ ही एक अजीब-सी निष्क्रियता की भावना उसे पस्त भी कर रही थी।

उसी की तरह मैं भी बढ़िया बनी मिसाइल्स की तरह निरंतर ऊपर जाते हुए अपने स्टॉक्स को देखता हुआ किनारे पर खड़ा था।

फिर जुलाई में एक दिन मुझे मोंटे कार्लो के 'स्पोर्टिंग क्लब' में कार्यक्रम का न्योता मिला। मैंने इसे सहर्ष स्वीकार कर लिया। मेरी पुरानी नसों को झिंझोड़ने वाली और डराने वाली समस्याओं के बाद चुपचाप बैठना उबाऊ लगने लगा था।

न्यूयॉर्क छोड़ने से पहले मैंने अपने ब्रोकर्स को मिलने को कहा। मैंने उन सभी के साथ अपने अकाउंट देखे। मैंने पाया कि अगर यूरोप जाने से पहले मुझे इन सबको बेचना पड़े तो मेरे स्टॉक्स कुल 22,50,000 डॉलर के होंगे।

इस खबर पर मेरी प्रतिक्रिया कैसी थी? उल्लास? इस बात की उत्तेजना कि अब मैं किसी मिलियनेयर से से दोगुना पैसा रखता हूँ? वास्तव में ऐसा नहीं था। मैं खुश था, लेकिन उत्तेजित नहीं था। मैं इससे कहीं ज़्यादा जोश में तब था जब मैंने डाइनर्स क्लब से पहली बार 10,000 डॉलर कमा लिए थे। इस बार मुझे उस धावक की तरह लग रहा था जिसने कड़ी मेहनत से अपने को तैयार किया है और कई असफलताओं के बाद अब विजय की तरफ छोटे-छोटे डग भर रहा है।

मैं अभी भी पहले की तरह की ही दुविधा में पड़ा हुआ था : क्या मुझे बेच देना चाहिए? क्या मैं पूरी तरह से बाहर निकल जाऊँ?

इस बार उत्तर कुछ आसान था। यह बहुत पुराना और विश्वसनीय उत्तर था : एक बढ़ते हुए स्टॉक को बेचने का मेरे पास कोई कारण नहीं था। मैं बहाव के साथ ही धीरे-धीरे दौड़ता रहूँगा और अपने स्टॉप लॉस को अपने पीछे खींचता चलूँगा। जब ट्रेंड बढ़ेगा, मैं अधिक खरीद लूँगा। अगर ट्रेंड विपरीत हो जाएगा तो? तो मैं एक परेशान चोर की तरह भाग जाऊँगा।

मैंने अपने स्टॉक पर नए स्टॉप लॉस लगा दिए जिससे कि अगर

यूरोप में रहते हुए इनमें गिरावट भी आ जाए तो ये बिक जाएँ और मेरे बीस लाख वैसे के वैसे ही रहें।

अपने ब्रोकर्स को छोड़कर जब मैं टैक्सी से फिफ्थ एवेन्यू जा रहा था तो संतुष्ट और सुरक्षित महसूस कर रहा था।

मैं प्लाज़ा होटल की लॉबी में घुसा, अपने आप ही सांध्यकालीन अखबार खरीदा, वॉल स्ट्रीट के क्लोज़िंग प्राइज को फाड़ा, बाकी के अखबार को फेंक दिया, शाम छह बजे का तार लिया और लिफ्ट में चल पड़ा।

कमरे में मैंने अपना तार खोला, अखबार के पन्ने फैलाए और खुशी की साँस लेते हुए बैठ गया। सिर्फ इसलिए नहीं कि मैंने बीस लाख डॉलर कमा लिए थे, बल्कि इसलिए क्योंकि मैं वही कर रहा था जो मुझे सबसे अच्छा लगता था।

जब वॉल स्ट्रीट सो रहा था, मैं काम कर रहा था।

टाइम मैगज़ीन के साथ साक्षात्कार

1959 का मई महीना था। पूरे साढ़े छह साल बीत गए जब मुझे स्मिथ भाइयों ने ब्राइलैण्ड नामक कैनेडियन स्टॉक लेने को कहा था। ऐसा लगता था जैसे चक्र पूरा घूमकर वहीं पर आ गया है, क्योंकि उस समय की तरह ही मैं आज फिर न्यूयॉर्क के लैटिन क्वार्टर में प्रस्तुति देने वाला था।

पता नहीं किस तरह मेरी स्टॉक मार्केट डीलिंग्स की बातें वॉल स्ट्रीट में होने लगी थीं। मेरी सफलता की खबर बाहर निकल गई थी और धीरे-धीरे फैल गई थी।

एक दिन मुझे हैरानी हुई। मेरे पास टाइम के बिजनेस सेक्शन से फोन आया। उन्होंने कहा कि उन्होंने मार्केट में मेरी सफलता के बारे में कुछ सुना है और क्या वे किसी रिपोर्टर को मुझसे मिलने भेज सकते हैं।

अगले ही दिन वह आया और मैंने उसे सारे तथ्य बता दिए कि किस तरह से मैंने अपना भाग्य बनाया है। मैंने उसे अपने अकाउंट्स, स्टेटमेंट्स तथा अपने तार दिखाए। उसने ध्यान से उन्हें देखा और यह कहकर गया कि वह मेरी कहानी से बहुत प्रभावित हुआ है।

एक दिन के बाद वह वापस आया और बताया कि स्टाफ के बिज़नेस विशेषज्ञ बहुत अधिक संशय में हैं। वे कह रहे थे कि यह कहानी सच्ची नहीं हो सकती।

इस बात से वास्तव में मुझे अचंभा नहीं हुआ और इसलिए मैंने उसे दोबारा सारे तथ्य और आँकड़े दिखाए। उसने कई घंटों तक उन्हें पढ़ा और अंत में जब वह जाने लगा तब पूरी तरह से उनकी सच्चाई से संतुष्ट था।

मुझे बाद में पता लगा कि यह तो शुरुआत में छोटी-सी मुठभेड़ जैसी थी। अगले दिन सुबह उसने मुझे फोन किया और दोपहर के भोजन पर मिलने के लिए पूछा। खाने के समय से आधा घंटा पहले उसने फिर से फोन किया और कहा कि वह अपने साथ किसी वरिष्ठ संपादक को ला रहा है, जो इस कहानी को खुद जाँचना चाहते हैं।

वे भोजन पर एक बजे पहुँचे। एक बार फिर मैंने सारी वित्तीय जानकारी दी। वरिष्ठ संपादक तो इतने डूब गए कि उन्होंने टेबल पर रखे खाने को छुआ तक नहीं।

चार बजे जब उन्होंने पूरी कहानी सुन ली, तब जाकर एक सैंडविच खाया। पाँच बजे वे दोनों चले गए। उन्होंने कोई टिप्पणी नहीं की परंतु वे स्पष्ट रूप से प्रभावित थे। मैंने कभी किसी व्यक्ति को इतनी रुचि लेते नहीं देखा था।

उसी शाम छह बजे एक और फोन आया। इस बार टाइम के वॉल स्ट्रीट विशेषज्ञ थे। उन्होंने कहा कि मैनेजिंग एडीटर इस कहानी को तब तक नहीं छपने देंगे जब तक टाइम स्टाफ के तीन सदस्य एक साथ इस बात की पुष्टि न कर दें कि उन्होंने मुझसे मिलकर सारे तथ्यों की तहकीकात की है। उन्होंने मुझे हैरान करते हुए, मेरी नृत्यकला भी देखने पर ज़ोर दिया।

मैनेजिंग एडीटर स्टॉक मार्केट में मेरी सफलता पर तो शक कर ही रहा था, वह शायद यह भी सोच रहा था कि मैं नृत्य भी नहीं कर सकता।

सात बजे वह विशेषज्ञ आ गया। पहले तो उसने मेरे स्टॉक मार्केट ऑपरेशन्स से जुड़ी सारी बातों और पेश किए सारे सबूतों के प्रति अविश्वास से सिर हिलाया। ऐसा लग रहा था जैसे वह हर बात पर अविश्वास करने का प्रण करके आया है।

फिर जब जूलिया और मैं नृत्य के लिए मंच पर आए तो वह हमारी कला से प्रभावित दिखा। कम से कम कुछ तो हुआ। मैं इस जिरह से तीन दिनों से जूझ रहा था और थोड़ा-थोड़ा शक्तिहीन भी होता जा रहा था। इसका परिणाम यह हुआ कि मैं अपनी क्षमता के चरम पर नहीं था और नृत्य के आखिर में जब मुझे एक मुश्किल उछाल लेनी थी, मैं अपनी एक भुजा की

माँसपेशियों को आहत कर बैठा। किसी तरह मैं अपना नृत्य समाप्त कर पाया।

उसी दर्द करती हुई भुजा के साथ मैं वॉल स्ट्रीट के विशेषज्ञ के साथ लंबी वित्तीय जिरह को आगे बढ़ाने बैठ गया।

यह घंटों तक चलती रही। हर बार वह एक ही प्रश्न पर आ जाता था,: मैं अपने स्टॉक ट्रांज़ेक्शन्स के बारे में इतनी खुलकर बातें क्यों करता हूँ?

मैंने कहा कि ऐसा इसलिए है क्योंकि मैं उस सब के लिए गर्व महसूस करता हूँ, जो मैं कर पाया। मुझे लगता है कि मेरे पास छुपाने को कुछ नहीं है।

आधी रात से ज़्यादा हो चुकी थी, लेकिन इस पूरे समय में मेरे जाँचकर्ता ने एक ड्रिंक भी लेने से मना कर दिया। उसने खुलकर इस बात को स्वीकार किया कि वह मेरे सिस्टम या रिकॉर्ड में किसी खामी को जाँचने के लिए अपने दिमाग को दुरुस्त रखना चाहता है।

सुबह दो बजे उसने अपना पेन रख दिया। वह बोला, ''आओ, एक ड्रिंक हो जाए।'' उसका आखिर संदेह भी खत्म हो गया था। वह संतुष्ट था। उसने अपना ग्लास उठाया और मार्केट में मेरी सफलता की खुशी मनाई।

वह सुबह चार बजे गया, लेकिन जाने से पहले उसने मुझसे सलाह माँगी। मैंने उसे वह दी। मैंने उसे एक स्टॉक खरीदने को कहा, लेकिन तभी जब वह $39\frac{3}{4}$ तक बढ़ जाए। उसे $38\frac{1}{2}$ पर स्टॉप लॉस भी लगाना था। मुझे उम्मीद है कि उसने मेरी सलाह का अनादर करके उस स्टॉक को कम अंक पर ही नहीं खरीद लिया होगा क्योंकि वह 39¾ तक बढ़ा ही नहीं। वह अचानक 22 तक गिर गया।

अगले सप्ताह टाइम में वह लेख छप गया। वित्तीय क्षेत्र में इस अखबार का बहुत ही प्रभाव था। इसका परिणाम यह हुआ कि मैं ज़्यादातर फायनेंशियल पंडितों द्वारा एक निहायत ही सफल किंतु गैर रूढ़िवादी स्टॉक मार्केट निवेशक के रूप में स्वीकार कर लिया गया। इसी के चलते यह पुस्तक अस्तित्व में आई है।

इसका दूसरा परिणाम यह हुआ कि मेरी माँसपेशी बुरी तरह से आहत हो गई। एक डॉक्टर ने मुझे कहा कि मुझे अपना नृत्य प्रदर्शन हमेशा के लिए बंद करना पड़ेगा। उसे शक था कि मैं अपनी साथी को शायद ही दोबारा कभी उठा पाऊँगा।

दो सप्ताह के बाद मैं हर बार की तरह फिर से मंच पर प्रदर्शन कर रहा था। मैं तब से इसे ऐसे ही कर रहा हूँ, यह साबित करते हुए कि कभी-कभी मेडिकल विशेषज्ञ भी वॉल स्ट्रीट विशेषज्ञों की तरह गलत हो सकते हैं।

परिशिष्ट

आगे के पृष्ठों में अमेरिकन रिसर्च काउंसिल ने उन मुख्य स्टॉक्स के साप्ताहिक मूल्यों और वॉल्यूम के विशेष रूप से बनाए गए चार्ट की श्रृंखला को प्रस्तुत किया है, जिन्होंने निकोलस डरवास को बीस लाख डॉलर दिलवाए। यह रकम तो डरवास ने 18 महीने की छोटी-सी अवधि में कमा ली थी, परंतु हम यहाँ हर स्टॉक के मूवमेंट के इतिहास को डरवास से पहले, बाद व उनके पास रहने के दौरान भी पूरे तीन साल (1957 से 1959) के रिकॉर्ड में दिखा रहे हैं।

साथ ही, हमारे संपादकों के व्याख्यात्मक नोट्स घर स्टॉक को खरीदने के पीछे डरवास के तर्कों, उनको खरीदने का समय, उनके खिंचते हुए स्टॉप-लॉस का प्रयोग, जो उनकी इस पुस्तक में समझाई हुई टेक्नो-फंडामेंटलिस्ट थ्योरी पर आधारित थे, उन पर तर्क सहित प्रकाश डालते हैं।

सभी चार्ट्स उसी क्रम में व्यवस्थित किए गए हैं जिस क्रम में स्टॉक पुस्तक में बताए गए हैं। इससे पाठकों को डरवास के ट्रांजेक्शन्स को उसी क्रम से समझने में आसानी होगी जिस क्रम में वे किए गए थे।

लॉरीलार्ड

जब डरवास ने इस स्टॉक के वॉल्यूम में अचानक वृद्धि देखी (ए), जब कि यह स्टॉक डूबते हुए स्टॉक के दलदल में से संकेताग्नि की तरह उभरकर आया था तब उन्होंने इसके दैनिक कोट्स भेजने को कहा।

उन्होंने $27\frac{1}{2}$ पर इसके 200 शेयर खरीदे (बी) और बहुत ही कम दूरी यानी 26 पर स्टॉप लॉस लगाया। कुछ ही दिनों बाद अचानक गिरावट (सी) ने इनके स्टॉप लॉस को छुआ और यह स्टॉक बिक गया।

इसके बाद ही इसमें अचानक हुई वृद्धि ने डरवास को संतुष्ट कर दिया कि उनका प्रथम अनुमान सही था और उन्होंने दोबारा $28\frac{3}{4}$ (डी) के भाव पर 200 शेयर खरीद लिए।

जैसे-जैसे इसके बॉक्स बढ़ते गए डरवास ने 35 और $36\frac{1}{2}$ पर 400 शेयर और खरीद लिए (ई)। यह स्टॉक तेज़ी से बढ़ता हुआ $44\frac{3}{8}$ की नई ऊँचाई पर पहुँच गया।

18 फरवरी को $36\frac{3}{4}$ के कम अंक तक हुई अचानक गिरावट ने उन्हें डरा दिया और उन्होंने स्टॉप लॉस बढ़ाकर 36 पर कर दिया। गिरावट स्टॉप लॉस को नहीं छू पाई और स्टॉक ने जल्दी ही गति पकड़ ली, इसलिए उन्होंने $38\frac{5}{8}$ पर एक 400 शेयर का अंतिम लॉट खरीद लिया (एफ)।

चूँकि लॉरीलार्ड अपने मूल्य और वॉल्यूम में तेज़ी से बढ़ रहा था, इसलिए डरवास को इसे बेचकर जल्दी लाभ लेने का आकर्षण हो रहा था।

वे अपनी थ्योरी के एक मूलभूत सिद्धांत से चिपके रहे- ''किसी बढ़ते हुए स्टॉक को बेचने का कोई कारण नहीं होता'' और उन्होंने अपने स्टॉप लॉस को खिसकाकर बढ़त के पीछे एक सुरक्षित दूरी पर लगा दिया।

इस बात की संभावना थी कि बहुत नजदीक स्टॉप लॉस लगाने से उनका स्टॉक जून में बिक गया होता, जब उसमें $53\frac{3}{8}$ तक ले जाने वाली गिरावट अचानक आ गई थी। डरवास, लॉरीलार्ड के साथ आसानी से आगे बढ़ सकते थे, जब वर्ष की अंत तक इसकी 80 में होती हुई वृद्धि देखने लायक थी।

हालाँकि मई में वे किसी अन्य स्टॉक के मूवमेंट में बहुत अधिक रुचि लेने लगे और इसके लिए उन्हें अपनी सारी पूँजी की आवश्यकता थी। इसी कारण से उन्होंने मई की शुरुआत में $57\frac{3}{8}$ पर लॉरीलॉर्ड के 1,000 शेयर 21,000 डॉलर के पर्याप्त लाभ पर बेच दिए (जी)। अब वे ई.एल. ब्रूस में निवेश करने की तैयारी में थे।

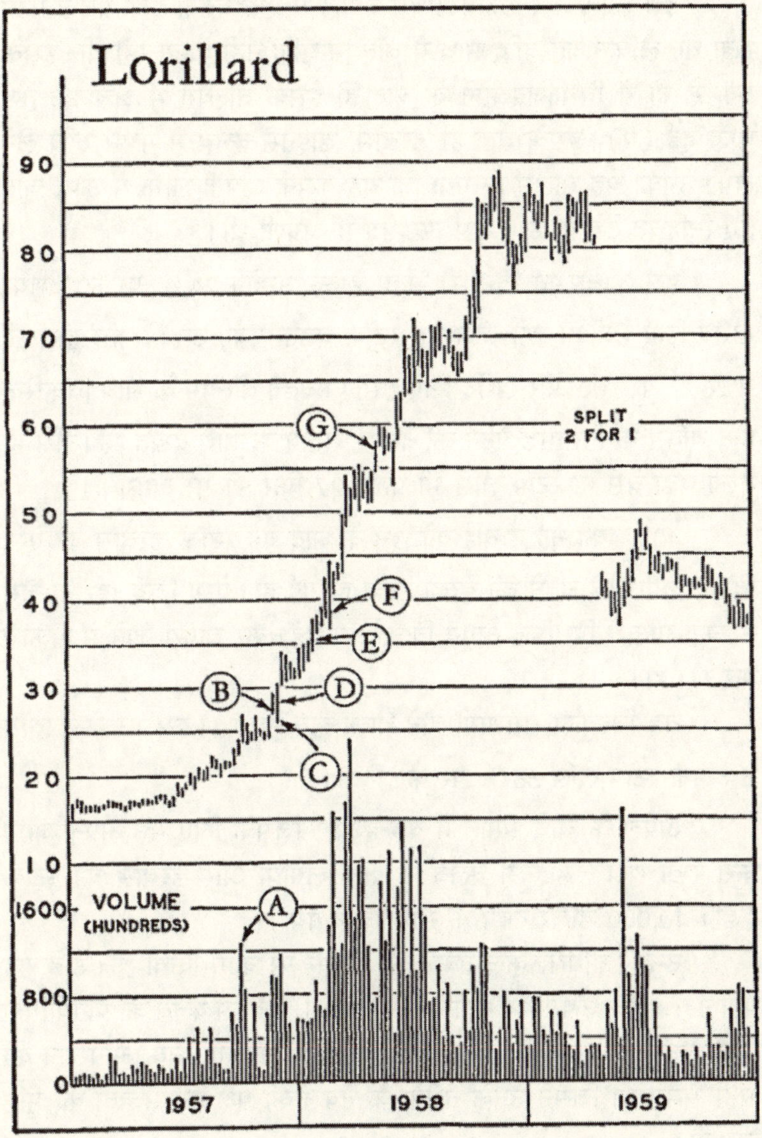

Lorillard
90
80
70
60
50
40
30
20
10
1600
800
0
SPLIT
2 FOR 1
G
F
E
D
B
C
A
VOLUME
(HUNDREDS)
1957
1958
1959

डाइनर्स क्लब

इस स्टॉक ने 1957 के प्रथम वर्षार्द्ध में एक बढ़ता हुआ प्राइज़ पैटर्न रखा था, लेकिन यह वृद्धि साथ में वॉल्यूम वृद्धि नहीं दिखा रही थी। इसके एक से दो में विभाजित होने के बाद ही इसके वॉल्यूम में अचानक तेज़ वृद्धि हुई (ए)। इसके बाद ही डरवास, डाइनर्स क्लब में गंभीर रुचि लेने लगे। उनको यह मालूम हो गया कि यह कंपनी अपनी शक्ति में ऊपर जाते हुए निश्चित ट्रेंड के साथ इस नए क्षेत्र में अग्रणी थी।

इस आधारभूत बिन्दु से संतुष्ट होकर उन्होंने 24½ पर 500 शेयर खरीद लिए (बी)। जैसे-जैसे यह स्टॉक बढ़ता गया, उन्होंने कुछ ही दिनों में 26⅛ पर 500 और खरीद लिए (सी)। बढ़ते वॉल्यूम के साथ विकसित होते बॉक्स के पिरामिड पैटर्न को आत्म-संतोष के साथ देखते रहे। जैसे ही मूल्य बढ़ा वैसे ही स्टॉप लॉस भी पहले 27 फिर 31 पर आ गया।

40½ की नई ऊँचाई को छूने के बाद यह स्टॉक डरवास को ऐसा दिखने लगा जैसे बढ़ने की इच्छा खत्म हो गई हो। ऐसा दिख रहा था जैसे उसका आखरी पिरामिड अपने किनारे पर पहुँचकर वापस जाने में संकोच कर रहा हो।

यह बिल्कुल धराशायी होने वाला लग रहा था। इस डर से डरवास ने अपना स्टॉप लॉस 36⅜ पर कर दिया।

अप्रैल के चौथे सप्ताह में वह हुआ "जिसके लिए मैंने अपना बीमा करा रखा था।" डाइनर्स क्लब ने गोता लगाया और डरवास का स्टॉक (डी) 10,000 डॉलर लाभ के साथ बिक गया।

उन्होंने तो बिलकुल तकनीकी आधार पर काम किया था। उन्हें यह पता नहीं था कि उस समय अमेरिकन एक्सप्रेस, डाइनर्स क्लब की प्रतियोगिता में क्रेडिट कार्ड के क्षेत्र में ही उतरने वाला है। यह तो उनके ऑपरेशन का सही समय था जिसने उनके तरीके के तकनीकी पक्ष की सत्यता की पुष्टि कर दी।

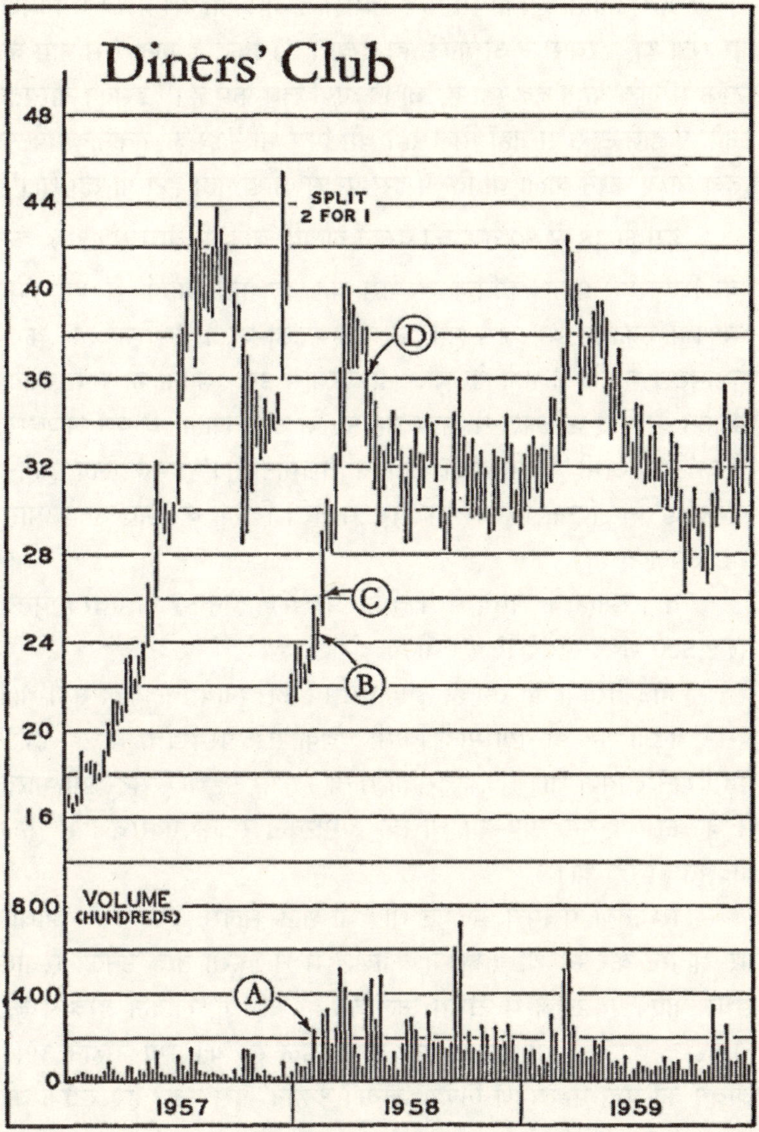
Diners' Club
48
44
40
36
32
28
24
20
16
SPLIT
2 FOR 1
D
C
B
A
VOLUME
(HUNDREDS)
800
400
0
1957
1958
1959

ई.एल. ब्रूस

जब उन्होंने अपना पूरा फंड लॉरीलार्ड और डाइनर्स क्लब में निवेश कर रखा था, डरवास ने अचानक ही देखा (ए) कि "ई.एल. ब्रूस नाम के स्टॉक में रुचि बहुत बढ़ रही है, जो कि एक लघु फर्म है।" इसकी योग्यता उनके फंडामेन्टल्स से नहीं मिल रही थी, फिर भी "इसका तकनीकी पैटर्न इतना बाध्य करने वाला था कि मैं इस पर से आँख नहीं हटा पा रहा था।"

इसकी 18 से 50 तक की देखने लायक वृद्धि में बीच में 43½ का एक रिएक्शन आया, लेकिन डरवास की अनुभवी आँखों में यह एक अस्थायी रुकावट थी, जैसे पुनः ऊर्जा इकट्ठी करने के लिए हो। कोई फंडामेंटल कारण न होने के बाद भी डरवास इसे जितना हो सके उतना खरीदने के लिए कटिबद्ध थे अगर यह 50 के ऊपर जाता। वे पूर्ण आश्वस्त थे कि इसमें अभी "आगे बढ़ने की लय विद्यमान थी।" इसके लिए उन्होंने लॉरीलार्ड बेच दिया, जिससे कि ब्रूस में तुरंत निवेश के लिए उनके पास फंड उपलब्ध हो।

तीन सप्ताह के समय में मार्च के अंत में उन्होंने 52 के एवरेज मूल्य पर 2,500 शेयर खरीद लिए (बी)।

चार्ट जैसा दिखा रहा है, उनका समय का चुनाव बिलकुल सही था। ब्रूस "बढ़ना शुरू हो गया मानो किसी चुंबक से ऊपर खिंचा जा रहा हो... यह देखने लायक था।" जब इसका मूल्य 77 पर पहुँचा "सुदूरवर्ती भारत में बैठकर भी यह स्पष्ट-सा था कि अमेरिकन स्टॉक एक्सचेंज में कुछ अद्‌भुत हो रहा था।"

स्थितियाँ सचमुच अद्‌भुत थीं। जो शॉर्ट-सेलर्स 'वैल्यू' के आधार पर ऑपरेट कर रहे थे, ज़बर्दस्त कोशिश में थे किसी तरह उनकी स्थिति सुधर जाए। एक्सचेंज में ट्रेडिंग निलंबित हो गई थी, लेकिन डरवास को ओवर-द-काउंटर 100 डॉलर प्रति शेयर मिल रहे थे। तभी उन्होंने अपने जीवन का बड़ा महत्वपूर्ण निर्णय लिया। उन्होंने इस बढ़ते हुए स्टॉक को बेचने से मना कर दिया। कुछ सप्ताह बाद उन्हें 171 के मूल्य पर 2,95,000 डॉलर का लाभ मिला।

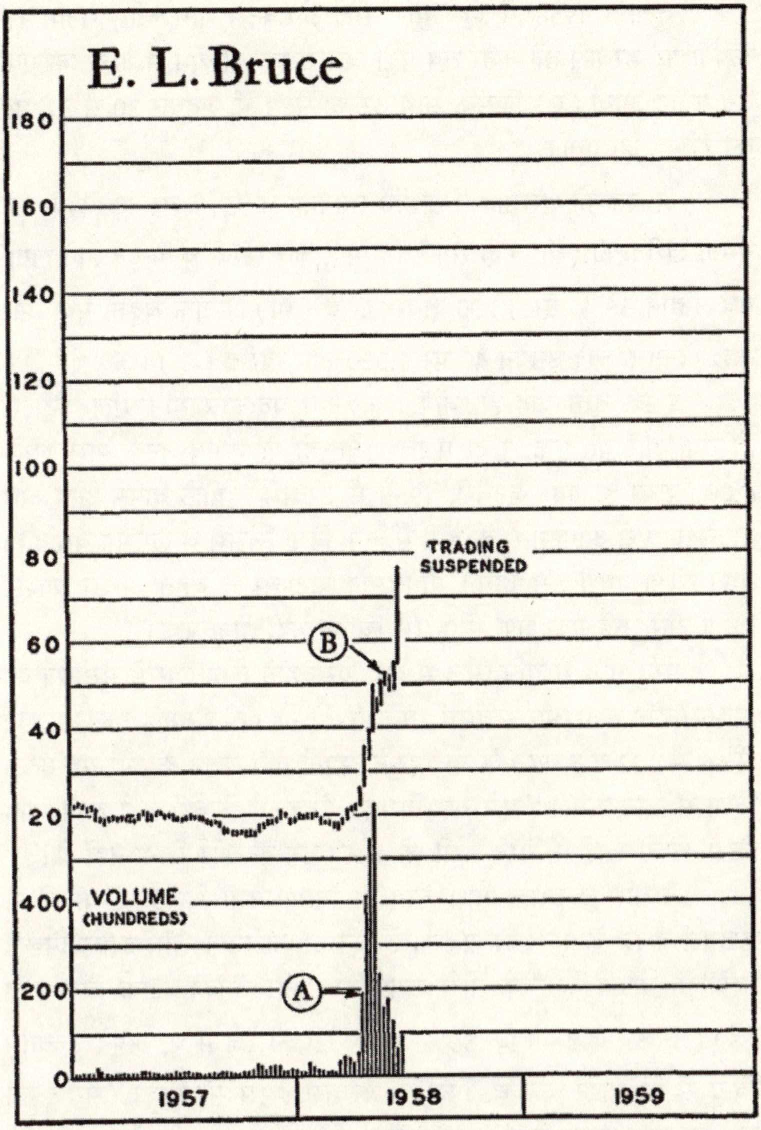
E. L. Bruce
180
160
140
120
100
80
60
40
20
TRADING
SUSPENDED
B
VOLUME
(HUNDREDS)
400
200
A
0
1957
1958
1959

यूनिवर्सल कंट्रोल्स

जुलाई, 1958 में एक यूनिवर्सल प्रोडक्ट्स नाम की गुमनाम सी कंपनी पर डरवास की नज़र तब पड़ी जब उसके वॉल्यूम में अचानक एक उग्र प्रवाह आया (ए) जिसके साथ उसका मूल्य भी बढ़कर 30 से 32–36 की रेंज में आ गया।

अगस्त की शुरुआत में उन्होंने सतर्कता से 35¼ पर 300 शेयर की नमूना खरीद की (बी)। दो सप्ताह के बाद, जब स्टॉक थोड़ा दृढ़ होने लगा, तब उन्होंने 36½ पर 1,200 शेयर खरीदे (सी)। स्टॉक बढ़ता गया और कुछ दिनों के बाद उन्होंने 40 पर 1,500 और खरीदे (डी)।

इसके तुरंत बाद ही, कंपनी का नाम बदलकर यूनिवर्सल कंट्रोल्स हो गया और यह एक से दो में विभाजित हो गई। अब उनके पास इसके 6,000 शेयर हो गए। जनवरी, 1959 में डरवास न्यूयॉर्क वापस आए और अपने को ऐसे ऑपरेशन्स के क्रम में लगा दिया जिससे वे लगभग बर्बाद हो गए। सौभाग्यवश इस दौरान यूनिवर्सल कंट्रोल्स ने बहुत अच्छा प्रदर्शन किया और उन्हें एक क्षण भी इससे चिंतित नहीं होना पड़ा।

परंतु मार्च में यूनिवर्सल में कुछ ऐसा होने लगा जिससे मुसीबत का आभास होने लगा और सचमुच मुसीबत आ गई। तीन सप्ताह तक उग्र रूप से 66 से 102 तक बढ़ने के बाद इसने अपनी गति बदल दी और यह उल्टी दिशा में जाने लगा। ''मुझे यह गिरावट बिलकुल अच्छी नहीं लगी। यह किसी गहरी खाई में गिरने जैसी थी और बढ़ने के कोई चिन्ह नहीं थे।''

डरवास ने इसके साथ वैसा ही किया जैसा कि इन स्थितियों में डाइनर्स क्लब के साथ किया था। उन्होंने अपना स्टॉप लॉस इसके पिछले क्लोज़िंग प्राइज़ के ठीक नीचे लगा दिया और उनका स्टॉक बिक गया (ई)। उनके प्रॉइज़ जो कि 86¼ से 89¾ की रेंज में थे, अपने उच्चतम बिन्दु से 12 पाइंट कम थे, फिर भी डरवास इससे संतुष्ट थे। ''मेरे दुःखी होने का कोई कारण नहीं था। मैंने एक लंबी यात्रा पूरी की और 4,09,000 डॉलर का लाभ लिया।''

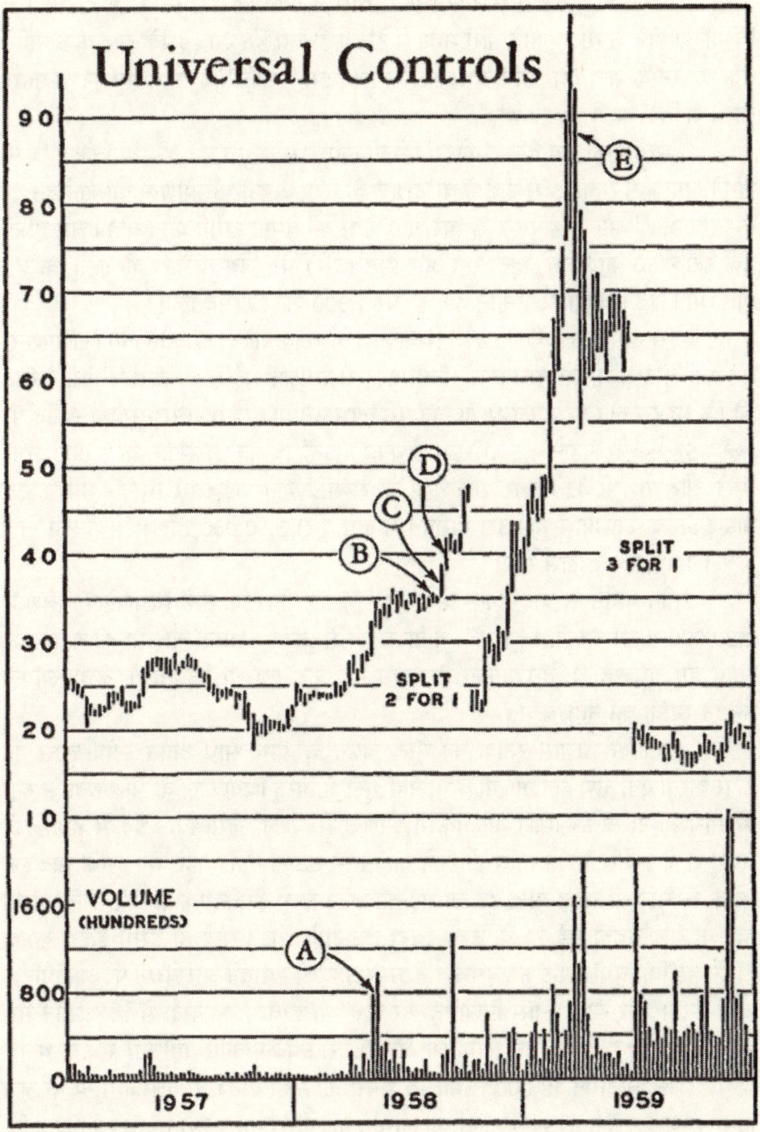
Universal Controls
90
80
70
60
50
40
30
20
10
1600
800
0
VOLUME
(HUNDREDS)
SPLIT
3 FOR 1
SPLIT
2 FOR 1
A
B
C
D
E
1957
1958
1959

थियोकोल

1958 की शुरुआत में टोक्यो में डरवास ने देखा कि इस स्टॉक के दो भागों में विभाजित होने के बाद काफी भारी मात्रा में ट्रेडिंग हो रही है (ए)। इसके बाद कुछ महीने तक यह स्टॉक शांत रहा, लेकिन डरवास के लिए इस ''शांति'' के साथ 'तूफान के पहले वाली शांति'' वाली भावना थी।

डरवास को जब दैनिक कोट्स मिलने लगे, उसके तुरंत बाद ही थियोकोल ''ऐसा लगने लगा जैसे वहां 45 से एक ऊँची उछाल के लिए अपनी माँसपेशियों की अकड़न दूर कर रहा हो।'' और उन्होंने 47 $\frac{1}{4}$ पर 200 शेयर की नमूना खरीद की (बी)। चार हफ्तों तक स्टॉक 50 की तरफ बढ़ता रहा और फिर (सी) पर, जब डरवास को लगा कि यह और आगे बढ़ने वाला है, उन्होंने 49 $\frac{7}{8}$ पर 1,300 शेयर खरीद लिए।

इस खरीद के पीछे-पीछे ही थियोकोल के स्टॉक राइट जारी होने लगे। ट्रांजेक्शन्स की एक श्रृंखला में, जो पुस्तक में अच्छी तरह से समझाई गई है, डरवास ने भारी क्रेडिट जो कि राइट्स लेने पर उपलब्ध था, का पूरा लाभ उठाया। 72,000 राइट्स की खरीद पर (और 53 $\frac{1}{2}$ पर पहले 1,500 शेयर बेचकर) उन्हें थियोकोल स्टॉक के 6,000 शेयर मिले और यह भी 42 डॉलर प्रति शेयर के सब्सक्रिप्शन प्राइज पर मिले (जब कोटेड प्राइज़ 55 के आसपास था। इसे खरीदने में लगे कुल 3,50,000 डॉलर्स में उनका खर्च केवल 1,11,000 डॉलर्स रहा।

तीन महीने के बाद उनके ब्रोकर ने उन्हें तार भेजा कि उन्हें थियोकोल निवेश में 2,50,000 डॉलर का लाभ हुआ है। वे पेरिस की सड़कों पर अपनी लालसा की यातना को सहते हुए घूम रहे थे, तब उनका रोम-रोम यह कह रहा था कि 'बेचो, बेचो-लेकिन उन्होंने स्टॉक को नहीं बेचा।

हालाँकि डरवास स्टॉक का मूल्य बढ़ने के साथ-साथ अपने स्टॉप-लास को ऊपर करना एक क्षण के लिए भी कभी नहीं भूले थे, परंतु थियोकोल के साथ हवा के रुख के साथ बहना ठीक समझा और किसी क्षणिक रिएक्शन, जैसा कि (ई) में हुआ, की वजह से वे इस स्टॉक से बाहर हो जाने का खतरा उठाना नहीं चाहते थे। इसके बाद इस स्टॉक के मूल्य में बहुत वृद्धि हुई जो मई की शुरुआत में इसके एक से तीन में विभाजित होने के बाद बढ़ती हुई 72 के उच्च बिन्दु तक पहुँच गई। साथ ही इसमें इतनी ज़्यादा ट्रेडिंग हुई कि न्यूयॉर्क स्टॉक एक्सचेंज ने इस स्टॉक को खरीदने और बेचने पर ऑटोमैटिक ऑन-स्टॉप और स्टॉप-लॉस निलंबित कर दिए थे। डरवास के शब्दों में : ''उन्होंने मेरा सबसे शक्तिशाली अस्त्र छीन लिया था और मैं इसके बिना काम नहीं कर सकता था।''

उन्होंने अपने 18,000 विभाजित शेयरों को 68 (एफ) के एवरेज मूल्य पर बेच दिया, । इसमें उन्हें 8,62,000 डॉलर का लाभ हुआ। पेरिस में हुए इस महत्वपूर्ण निर्णय कि ''एक बढ़ते हुए स्टॉक को बेचने का कोई कारण नहीं होता'' ने उन्हें लाभ दिलवा दिया।

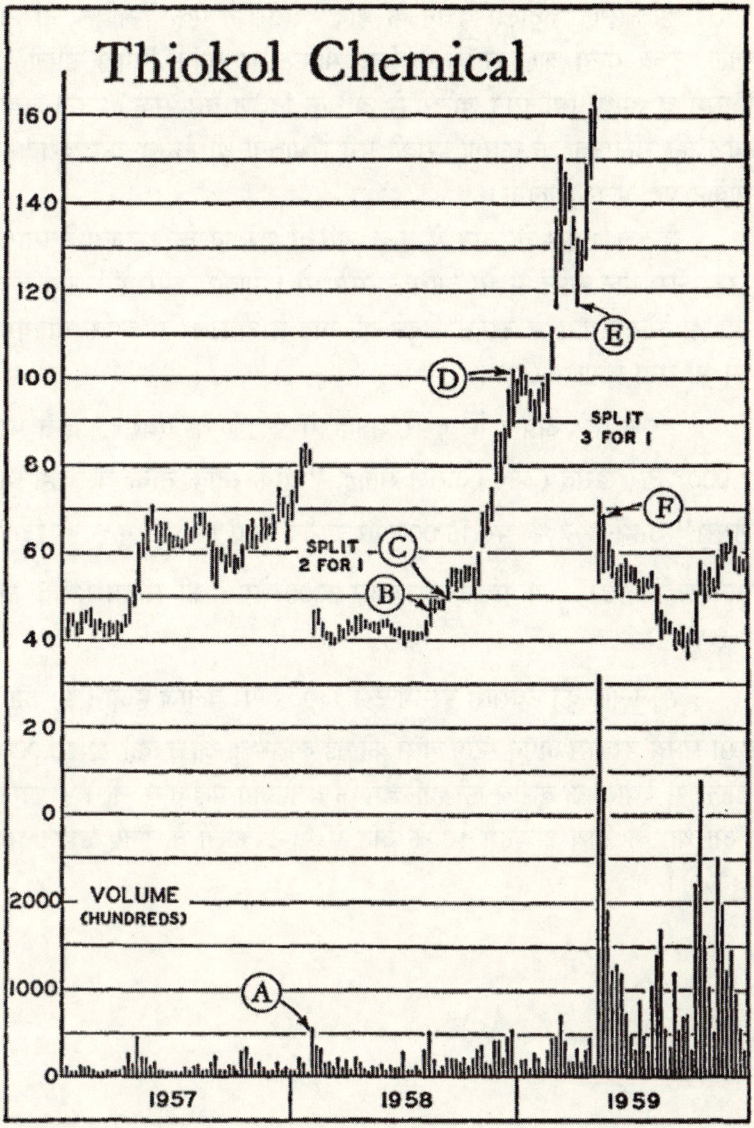

Thiokol Chemical
160
140
120
100
80
60
40
20
0
2000
1000
0
SPLIT 2 FOR 1
SPLIT 3 FOR 1
A
B
C
D
E
F
VOLUME (HUNDREDS)
1957
1958
1959

टेक्सास इंस्ट्रूमेन्ट्स

यूनिवर्सल कंट्रोल्स बेचने के बाद डरवास ने एक "सक्रिय ट्रेडिंग वाले, उच्च मूल्य वाले स्टॉक के लिए मार्केट पर सतर्क निगाह डाली", जिसमें वे आधा मिलियन डॉलर से अधिक निवेश कर सकें। इतनी बड़ी राशि की संलग्नता के कारण इसकी पूरी संभावना थी कि उनकी खरीदारी मार्केट पर असर डालेगी।

केवल 1958 के अंत में कुछ अस्थिर हरकत के अलावा टेक्सास इंस्ट्रूमेन्ट्स एक साल से भी अधिक समय से लगातार ऊपर की तरफ बढ़ रहा था और संयोग से उसकी बढ़ने की गति ने अक्टूबर में इसके वॉल्यूम को भी बढ़ा दिया था(ए)।

डरवास ने अप्रैल के दूसरे सप्ताह में 94⅜ के एवरेज प्राइज़ पर 2,000 शेयर खरीदे (बी)। अगले सप्ताह, "चूँकि स्टॉक ठीक चल रहा था शेयर्स" उन्होंने 97⅞ पर 15,00 और खरीद लिए (सी)। कुछ ही दिनों बाद उन्होंने 101⅞ के एवरेज मूल्य पर 2000 शेयर्स की अंतिम खरीद की (डी)।

6 जुलाई को टेक्सास इंस्ट्रूमेन्ट्स 149½ पर क्लोज हुआ (ई) और इसी समय डरवास अपने स्टॉप लॉस की नई व्यवस्था, जो उनकी 22,50,000 डॉलर से ज़्यादा के करीब की होल्डिंग के क्लोज़िंग प्राइज़ के नीचे ही लगा हुआ था, के साथ अध्याय 10 के अंत में मोन्टे कार्लो के लिए उड़ान भर चुके थे।

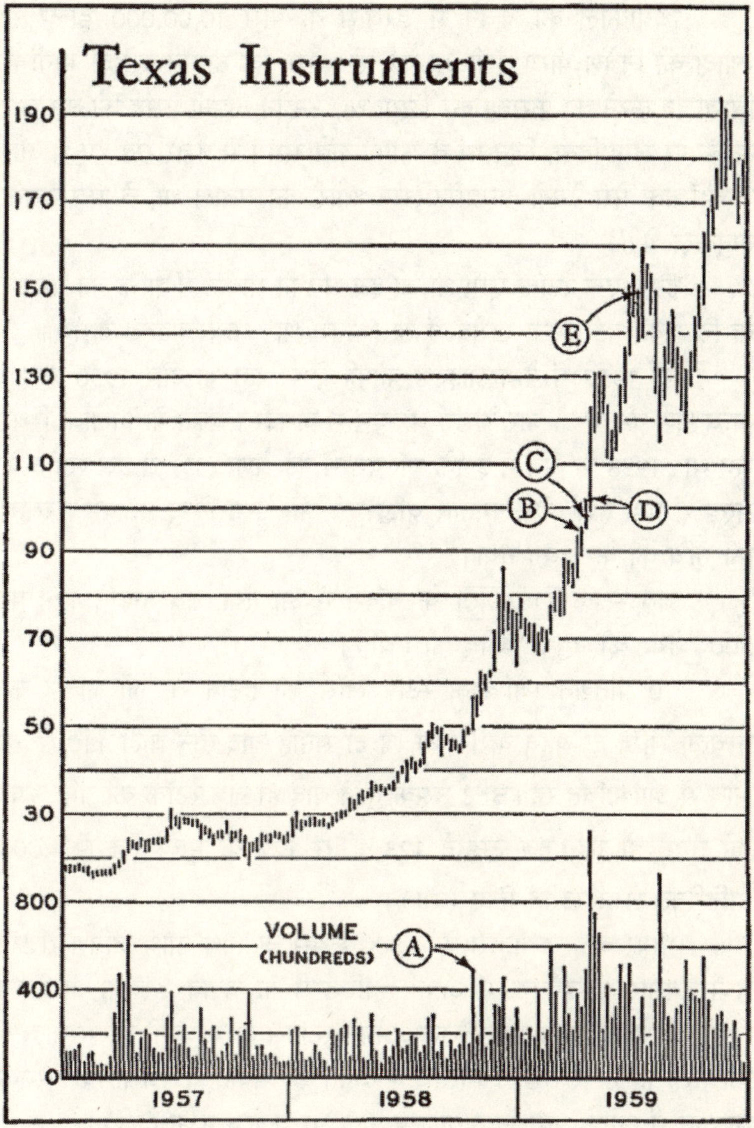
Texas Instruments
190
170
150
130
110
90
70
50
30
800
400
0
VOLUME
(HUNDREDS)
A
B
C
D
E
1957
1958
1959

फेयरचाइल्ड कैमरा

थियोकोल को बेचने से डरवास के पास 10,00,000 डॉलर से ज़्यादा की निवेश योग्य पूँजी आ गई थी। जैसा कि उन्होंने इसे दो भागों में विभाजित करने का फैसला कर लिया था, उन्होंने अपनी पसंद को उन चार स्टॉक पर लगा दिया, जिन पर वे काफी लंबे समय से नज़र रखे हुए थे और "जहाँ तक मेरी टेक्नो-फंडामेंटलिस्ट थ्योरी का सवाल था, वे सब उसके अनुकूल थे।"

इनमें एक स्टॉक ऐसा था जो इन सबकी मार्केट में शक्ति को परखने के लिए की गई नमूना खरीद में खरा उतरा था- फेयरचाइल्ड कैमरा।

पूरे 1957 में फेयरचाइल्ड काफी स्थिर रहा था और 1958 के भी अधिकांश दौर में दो बार ट्रेडिंग वॉल्यूम में जबर्दस्त बढ़त के अलावा स्थिर रहा था। 1958 के अंत में इसके वॉल्यूम में नई श्रेणी (ए) से इस स्टॉक के मूल्य में एक तेज़ और लगातार वृद्धि हुई और इसी बिन्दु पर यह डरवास की रुचि का केन्द्र बन गया।

जब स्टॉक 110/140 के बॉक्स में आ गया, तब उन्होंने 128 पर 500 शेयर की नमूना खरीद की (बी)।

10 प्रतिशत स्वैच्छिक स्टॉप लॉस को हटाने से, जो बॉक्स की निचली सीमा के बहुत करीब था, वे दो सप्ताह बाद होने वाले 110¼ के भाव से अप्रभावित रहे। उल्टे उसके तुरंत बाद ही जब स्टॉक की गति ऊपर की तरफ हो गई, तब उन्होंने 123¼ से 127 के मूल्य रेंज में 4,000 अतिरिक्त शेयर खरीद लिए (सी)।

फेयर चाइल्ड कैमरा के 4,500 शेयर्स के साथ-साथ जैनिथ रेडियो तथा टैक्सास इंस्ड्रमैंट्स में अपनी होल्डिंग्स के चलते डरवास अब इस स्थिति में थे कि किनारे पर बैठकर अपने स्टॉक्स अच्छी बनी हुई मिसाइल्स की तरह ही ऊपर उछाल मारते हुए देखते रह सकते थे। जैसा कि पुस्तक के अंत में आपने पढ़ा फेयरचाइल्ड 185 पर क्लोज़ हुआ (डी)।

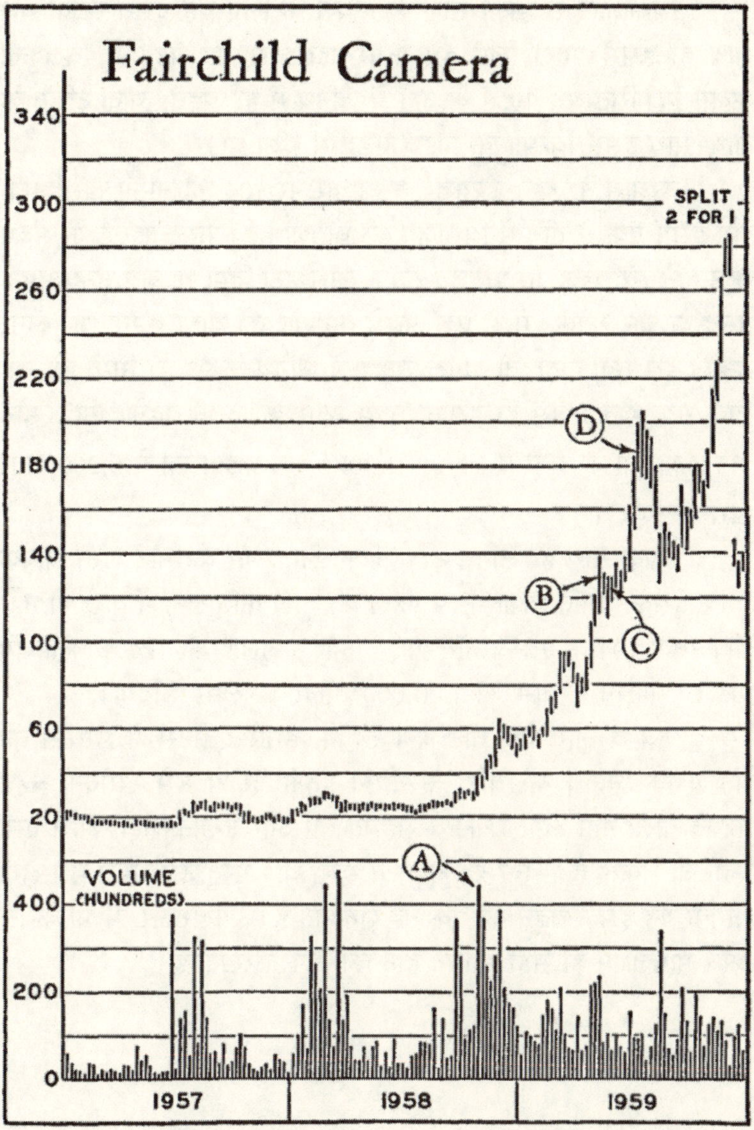
Fairchild Camera
340
300
260
220
180
140
100
60
20
SPLIT 2 FOR 1
D
B
C
A
VOLUME (HUNDREDS)
400
200
0
1957
1958
1959

ज़ैनिथ रेडियो

थियोकोल से मिली राशि के निवेश के लिए यह दूसरा स्टॉक था। साथ ही इससे पहले लिए हुए फेयरचाइल्ड से यह पैटर्न में बिलकुल अलग था। सितम्बर, 1958 के अंत में ज़ैनिथ में हुई बहुत ज़्यादा ट्रेडिंग के साथ-साथ इसमें विस्फोटक प्राइज़ एडवांस हुआ था।

डरवास ने 'व्हेन-इश्यूड' के आधार पर 104 की नमूना खरीद की, जब इसमें एक से तीन में विभाजन की घोषणा हुई। फेयरचाइल्ड के संदर्भ में उन्होंने स्वैच्छिक 10 प्रतिशत स्टॉप-लॉस हटा दिया था जब उन्हें अपनी पसंद के चार स्टॉक्स में से एक सबसे कमज़ोर को बाहर करना था। अगर उन्होंने इसे रखा होता, तो अगले सप्ताह में ज़ैनिथ के 93 पर गिरते ही, यह बिक गया होता। जैसे ही इसका मूल्य ऊपर की तरफ बढ़ने लगा उन्होंने अपनी योजना के अनुसार 99¾ से 107½ के प्राइज़ रेंज में 5,000 शेयर खरीद लिए (बी)।

इसके साथ ही ज़ैनिथ ठीक चलने लगा और यह नोट करने लायक है कि इसकी प्रगति विभाजन से पहले की वृद्धि की तुलना में कुछ भी नहीं थी। उनके 104 के एवरेज बॉय-प्राइज़ और 6 जुलाई को 124 के क्लोज़िंग प्राइज़ (सी) ने डरवास को 1,00,000 डॉलर का लाभ दे दिया।

जब वे लोग यह चार्ट बना रहे थे, हमारे एडीटर्स ने डरवास को बताया कि ज़ैनिथ की वृद्धि के दौरान इतनी देर से उसे खरीदना बहुत फायदे वाला नहीं लगता था। वे सहमत हुए और उन्होंने कहा, आज ऐसा कहा जा सकता है " कि यह बढ़ने में सुस्त था- परंतु उस समय मुझे लगा था कि यह इसके बढ़ने की एक नई शुरुआत है। आखिरकार, मैं भी केवल आधे मामलों में ही सही साबित होने की अपेक्षा रखता हूँ।"

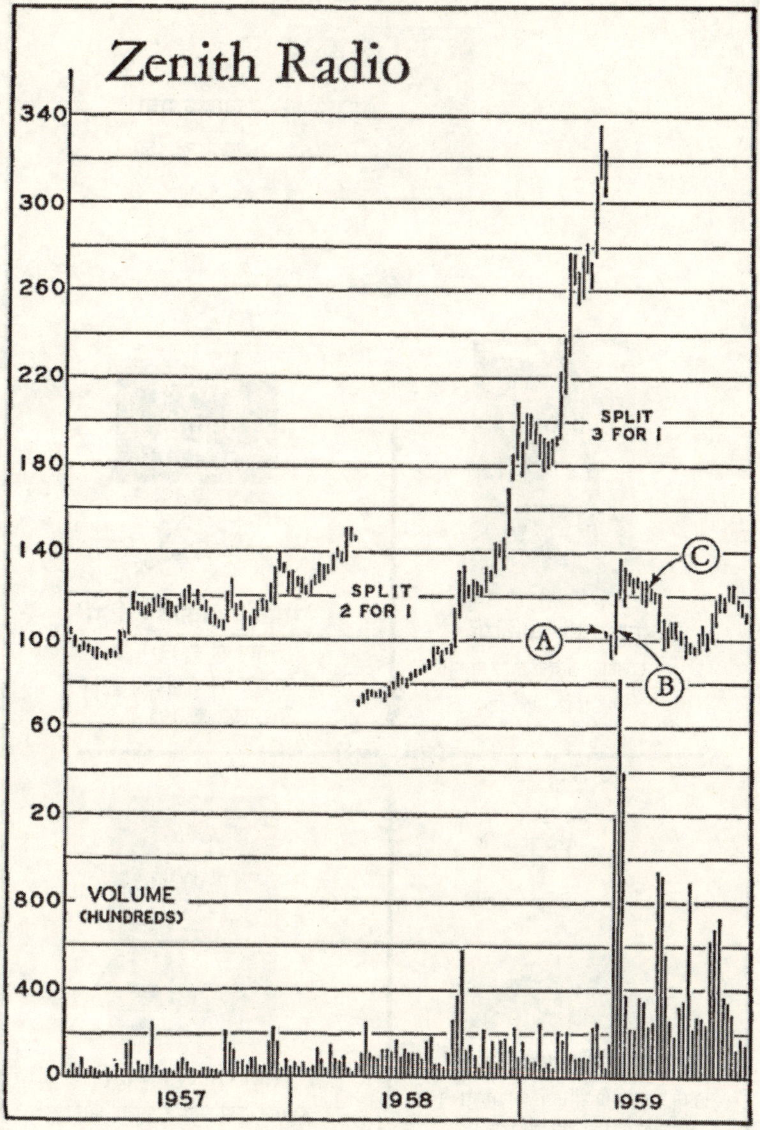

Zenith Radio
340
300
260
220
180
140
100
60
20
800
400
0
SPLIT
3 FOR 1
SPLIT
2 FOR 1
A
B
C
VOLUME
(HUNDREDS)
1957
1958
1959

यह किताब राम के ज़रीए उस जादुई तत्व की तलाश करती है, जिसके मिलते ही कोई भी राम बन जाता है। जी हाँ, आप भी।

विश्लेषण एकदम नया है, चामत्कारिक और रोमांचकारी भी। राम के चरित्र के इतने नये आयाम आपको इसमें पहली बार देखने को मिलेंगे।

राम क्या थे ? इस सवाल के जवाब में प्रश्न यह है कि वे क्या नहीं थे- एक आदर्श पुत्र, पति, भाई, शासक, देव, दोस्त, सहायक तथा और भी न जाने क्या-क्या ? जाहिर है कि राम के चरित्र का यह आदर्श रूप भला किसको सम्मोहित नहीं करेगा! यदि आपके साथ भी ऐसा है, और आप भी उनके जैसा ही कुछ होना चाहते हैं, तो निश्चित तौर पर यह किताब आपकी मदद करेगी।

किताब मूलतः एक यात्रा है, राम के उस रहस्य को खोजने की जिसने उन्हें भगवान बना दिया।

दिमाग ही दुश्मन है

यू.जी.कृष्णमूर्ति

165 रु.

"यू. जी. कृष्णमूर्ति मेरे कथा नायक हैं। मेरा यू. जी. से मिलने आना मौत के अनुभव का मेरा अपना तरीका है।" ***–महेश भट्ट, प्रसिद्ध फिल्म निर्माता व निर्देशक***

इस पुस्तक में यू. जी. कृष्णमूर्ति के साथ की गई बातचीत के अंश हैं, जो किसी भी बात को बिलकुल उसी तरह कहते हैं, जिस तरह कही जानी चाहिए। निश्चित रूप से यह पुस्तक उन लोगों के लिए नहीं है, जो इसे पढ़कर शांति, सत्य या ब्रह्म की प्राप्ति करना चाहते हैं। लेकिन यह उनके लिए अवश्य है, जो अपने दिमाग की चालबाजियों को समझना चाहते हैं और स्वयं को इस जाल में फँसने से बचाना चाहते हैं। यू. जी. के साथ किया गया यह वार्तालाप एक ऐसी यथार्थवादी और मौलिक दृष्टि प्रदान करता है, जिसकी ओर कभी भी हमारा ध्यान सपने में भी नहीं जाता। यू. जी. की बातें और उनके विचार हमें सहलाते नहीं, बल्कि थप्पड़ मारते हैं। सहलाने और थपथपाने में उनका तनिक भी विश्वास नहीं है। जो व्यक्ति अपने आपके प्रति निर्मम हो सकता है, वही यू. जी. के इन विचारों से लाभ उठाकर अपने जीवन को एक नई दिशा प्रदान कर सकता है। सचमुच यह जानना बहुत दुखद लगता है कि हम अपने उस दिमाग को ही अपना दुश्मन मान रहे हैं, जिसे हम अब तक अपना सबसे बड़ा मित्र समझते थे। लेकिन सच्चाई क्या है, इसे इस पुस्तक को पढ़ने के बाद ही जाना जा सकेगा।

क्या करें कि
बात
बन जाए

डॉ. विजय अग्रवाल *175 रु.*

'उसके हाथ में जादू है। वह जिस चीज़ को भी छू देता है, वह सोना बन जाता है।' आप भी अपने हाथ में वह जादू पैदा कर सकते हैं, यह जानकर कि आप ऐसा क्या करें कि बात बन जाए। आप इससे सफलता की इसी रेसिपी को सीख सकेंगे।

हमें हमारे बड़ों ने सफलता के लिए सिखाया है कि 'खूब मेहनत करो।' वे गलत नहीं हैं। लेकिन यह भी है कि यही सब कुछ नहीं है। तो फिर अन्य क्या हैं? यह किताब आपको बताएगी।

किसी अन्य ने नहीं, अपनी सीमा आपने खुद बनाई है। यह पुस्तक आपको वे उपाय सुझाएगी, जिनसे आप अपनी सीमाओं को तोड़कर आगे तक जा सकते हैं।

यह पुस्तक, किताब-दुकान में न मिलने पर संपर्क करें फोन- 0755-4245626

इस पुस्तक में प्रेम, भोग, ईश्वर, सांसारिकता, ध्यान, शान्ति, चिंता, अहंकार, प्रार्थना तथा मृत्यु जैसे अनेक विषयों पर ओशो के विचारों का निचोड़ मौजूद है। यदि आप यह निचोड़ पाना चाहते हैं, तो निःसंदेह रूप से यह किताब आपके लिए है।

साथ ही यह किताब आपको ओशो के कहने के ढंग का स्वाद भी प्रदान करेगी। पढ़ते समय आपको लगेगा कि आप ओशो की ही आवाज़ सुन रहे हैं।

इस पुस्तक में गूंजने वाली ओशो की आवाज़ आपके गहरे उतरकर आपके अन्दर एक ऐसी उठा-पटक मचाएगी कि जिससे उभरेगा आपका अपना एक नया 'मैं'।

इस किताब में यह ताकत है कि यह आपके अब तक के विचारों को दुरुस्त करके आपको वह स्पष्ट और ठोस दृष्टि प्रदान करेगी, जिससे आप अपनी जिन्दगी की नई राहें और नये दृष्य देख सकेंगे।

यदि आप यह मानते हैं कि कोई भी व्यक्ति अपने विचारों को बदलकर अपनी जिन्दगी को बदल सकता है, और अपनी समस्याओं से उबर सकता है, तो 'ओशो की आवाज़' इसमें आपकी मददगार साबित होगी।